Barbara Arzmüller

Sensible Menschen

Gute Wege zu Wohlstand und Wert

Schirner Verlag

ISBN 978-3-8434-1173-8

Barbara Arzmüller:
Sensible Menschen
Gute Wege zu
Wohlstand und Wert

Umschlag: Murat Karaçay, Schirner,
unter Verwendung von # 56030074, (aaltair),
119434405, (123dartist), www.shutterstock.com
Redaktion & Satz: Claudia Simon, Schirner,
unter Verwendung von # 24004264
(Anja Kaiser), www.fotolia.com
Printed by: Ren Medien GmbH, Germany

www.schirner.com

1. Auflage März 2015

Inhalt

Sensible Menschen und ihre Werte

Sensible Menschen sind wunderbar. Sie wirken weich und zart – und doch haben sie einen Überlebenswillen, der stärker ausgeprägt ist als der von all den scheinbar so toughen Typen. Sie spüren, was die Welt braucht, und sie spüren, was sie selbst brauchen. Das macht sie unabhängig und frei.

Wissen Sie, dass Sie zu den sensiblen Wesen gehören? Ja, weil Sie sehr viel spüren, sehr feinfühlig sind. Ja, weil Sie intensiv reagieren – auf andere Menschen, auf Umwelteinflüsse, auf Schwingungen. Ja, weil Sie mehr als andere Menschen wahrnehmen, manchmal zu viel. Ja, weil Sie den Eindruck haben, nicht nur die ganz normalen fünf Sinne zu haben, sondern zusätzlich feinste Antennen und Sensoren, die in ständiger Bereitschaft sind. Ja, weil jeder noch so kleinste Eindruck bis in Ihr Innerstes wirkt.

Sensible Menschen verfügen über ein reiches, fantasievolles Innenleben. Dieses schätzen zu lernen und als besondere Kraft nach außen zu tragen zählt zu ihren schönsten Aufgaben.

Viele sensible Menschen sind sich ihrer Stärke allerdings nicht bewusst. Sie empfinden ihre Sensibilität nicht als Talent, sondern als Makel. Sie nehmen sie als Überempfindlichkeit und mangelnde Durchsetzungskraft wahr. So meinen sie, nur zwischen zwei Wegen wählen zu können. Der eine ist, sich in die Gesellschaft mit all ihren Regeln zu integrieren. Dies aber kommt für sie nicht infrage, weil sie die allgemein übliche Ellenbogenmentalität weder besitzen noch sich aneignen wollen. Somit bleibt nur der andere Weg – sich abzuschotten. So aber können sie ihre Talente nicht auf die

Art nutzen, wie es ihre Seele glücklich machen würde. Daher leben sie in Abhängigkeiten und unguten Situationen. Erfolg und Wohlstand sind somit nur sehr mühsam zu erreichen. Und auch mit den Werten sieht es nicht gut aus. Der Selbstwert ist brüchig, das Selbstbild eher negativ, und auch die Umwelt wird nicht wertgeschätzt, sondern eher als feindlich wahrgenommen.

Dadurch geht nicht nur den Betroffenen selbst, sondern der Menschheit insgesamt ein riesiges und wertvolles Potenzial verloren. All diese sensiblen Menschen mögen sich durch die Anregungen, Übungen und Ideen in diesem Buch aufgerufen fühlen, ihre Werte mehr zu schätzen, sich für das eigene Potenzial zu öffnen und dieses zum eigenen und zum Wohle der Welt zu nutzen.

Zu Beginn möchte ich Sie zu einer kleinen gedanklichen Übung einladen. Was geht Ihnen durch den Kopf, wenn Sie an die Worte »Wohlstand« und »Wert« denken? Bei letzterem könnten Ihnen Begriffe wie Wertschätzung und Selbstwert in den Sinn kommen. Auch Wertpapier, Marktwert und Freizeitwert könnten dabei sein. Genauso: aufwerten, abwerten, wertlos, wertvoll, lebenswert, liebenswert ... Bestimmt fallen Ihnen noch viele eigene Begriffe ein. Materielle und spirituelle Werte können dabei sein. Wie steht es um Ihre Werte? Welchen Bezug haben Sie dazu? Zu Ihrem Selbstwert zum Beispiel? Der Wortherkunft nach hat »Wert« denselben Sprachstamm wie »Würde«. Eine interessante Verknüpfung, nicht wahr? Demnach bedeutet ein Verlust an Werten auch einen Verlust an Würde. Ein Gewinn an Werten bringt auch einen Gewinn an Würde.

Und wie steht es um Ihren Wohlstand? Im Wohlstand zu leben bedeutet im allgemeinen Sprachgebrauch, ein Leben ohne finanzielle Sorgen zu führen. Der germanische Ursprung des

Wortes »wohl« hat aber dieselbe Wurzel wie »wollen, wünschen«. Im Wohlstand zu leben kann damit auch bedeuten, ein Leben nach Wunsch zu führen. Leben Sie Ihr Leben nach Wunsch? Der Ursprung der Wörter ist wichtig, denn als ganz feine Energie schwingt die Grundbedeutung immer mit. Als sensibler Mensch fangen Sie diese Energie unwillkürlich auf.

Zu den schönsten Qualitäten von sensiblen Menschen zählen ihre Einfühlsamkeit und ihr Verständnis. Doch eben aufgrund dieser gelten sie oftmals als zu weich, zu nachgiebig und eben auch als durchsetzungsschwach. Die Türen zu Führungspositionen bleiben für sie daher meist verschlossen. Dabei besitzen sie durchaus natürliche Autorität, aber sie leben sie nicht aus. Meist, weil sie diese noch gar nicht erkannt haben. Ihre Ruhe ist ihnen wichtiger als ihre Karriere. Einerseits ist das gut so, denn sie brauchen viel Zeit, um die vielen auf sie einströmenden Eindrücke zu verarbeiten. Andererseits aber haben sie dadurch im Leben oft wenig Erfolg. So schlagen sie sich mit kleineren Jobs durch oder arbeiten in untergeordneten Positionen und nutzen ihre vielfältigen Talente bestenfalls nebenbei bei einem Hobby.

Hinzukommt, dass sie die materiellen Ziele den spirituellen Werten meist weit unterordnen. Mit dem Effekt, dass sie oft wenig Geld haben. Es fehlt ihnen an Sicherheit im Leben. Sie bewegen sich auf einer schwachen, wenig tragfähigen Basis. Zwar haben sie gute Antennen in Bezug auf die geistige Ebene, doch auf der Erde tun sie sich oft extrem schwer. Zwischendurch fragen sie sich vielleicht, warum der Überlebenskampf so anstrengend sein muss. Sich von billigen, minderwertigen Nahrungsmitteln ernähren zu müssen und in schlechten Wohnverhältnissen zu leben empfinden sie durchaus als Belastung. Denn eigentlich haben sie ein feines Gespür für den Unterschied zwischen minderer und hoher Qualität. Manche trösten sich mit dem Gedanken, dass sie dafür ein reiches Innenleben haben. Aber tröstet das wirklich? Denn ihre vielen guten Anlagen, die oft in eine psychologische, heilerische oder künstlerische Richtung gehen, leben sie nicht aus. Dafür bleibt einfach keine Zeit, zu sehr sind sie mit dem Broterwerb und dem Überlebenskampf beschäftigt.

Das müsste aber nicht so sein. Denn gerade die feinsinnigen, sensiblen Menschen sind es, die unsere Welt heutzutage besonders braucht. Sind sie es doch, die ein offenes Bewusstsein für die Nöte der Welt haben, die spüren, wo Mangel herrscht. Sie erkennen, was wichtig und wertvoll ist. Sie gehen nicht den alten, überholten Weg des Kampfes gegeneinander, sondern wählen die neuen Wege des Miteinanders. Sie lassen sich, wenn sie ihr Gespür einmal für sich erkannt haben, nicht beeinflussen von den Verführern der Welt, sind gegen sie »immun«.

Im Wust der Verlockungen ist es für die Menschheit geradezu überlebensnotwendig, mehr Sensibilität zu entwickeln. Und es werden tatsächlich immer mehr, die das tun. Auch wenn manche genau vor dem Gegenteil Angst haben und meinen, die Zahl der gierigen und harten Menschen nähme zu. Wenn man genau hinschaut, bemerkt man jedoch, dass es nicht so ist, sondern dass diese Menschen nur lauter sind und sich wichtig machen.

Die anderen, die feinsinnigen und sensiblen Wesen, die sich für Hintergründe und Zusammenhänge interessieren, die eine suchende Seele und ein offenes Herz haben, die lassen sich mittlerweile überall finden. Wenn deren Selbstwert zunehmen und ihre Kraft wachsen und sich über die Erde ausbreiten würde – was für ein Geschenk wäre das für die Welt und was für eine Freude fürs Herz!

Spirituell oder materiell?

Die Materie zerfällt, das Spirituelle bleibt. Der Geist ist ewig. Als sensibler Mensch wissen Sie das. Das ist auch der Grund, warum das Materielle bei Ihnen oftmals ganz weit unten auf der Prioritätenliste zu finden ist. Denn fast immer geht Sensibilität mit Spiritualität einher. Ihr Bewusstsein ist sehr intensiv mit dem seelisch-geistigen Wesen in Ihnen verbunden. Diese Welt ist schließlich unser aller wahre Heimat. Daran erinnern Sie sich. Allerdings tun Sie sich oft schwer, mit der Dichte der Materie zurechtzukommen. Das Feine, Geistige, Schwingende und Ideelle liegt Ihnen mehr als die verkörperte Präsenz der Dinge.

Dennoch ist es nicht richtig, das Materielle abzuwerten. Die Materie ermöglicht es, dass sich das Spirituelle verwirklichen kann. Das Erdenleben ist dazu gemacht, die Materie in all ihren Formen kennenzulernen. Zwar sollten wir uns weder daran binden noch eine Gier danach entwickeln, aber wir dürfen die Materie genießen und Freude daran haben. Das ist eine wunderbare Erfahrung, die wir während unseres Erdenlebens machen können. Ja, es ist eine wahre Kunst, die wir hier lernen können.

Es ist durchaus möglich, mit wenigem klarzukommen. Viele spirituelle Lehrer, Asketen, Einsiedler, Mönche und Nonnen aller Religionen machen es uns seit Jahrhunderten vor. Sie aber missachten – zumindest im Idealfall – nicht die Materie, sondern machen sich nur nicht davon abhängig. Sie leben bescheiden und brauchen nicht viel. Es ist eben nicht die Menge an Dingen, die das Gefühl von materieller Fülle bewirkt. Trotzdem dürfen wir uns aber die Fülle gönnen. Jeder, wie er möchte. Jeder nach seinen Bedürfnissen.

Auf unserem Planeten gibt es Orte, die sich auf weniges konzentrieren, wie die Gegenden, die mit Eis bedeckt sind, oder die Wüsten. In den gemäßigten Breiten und in den tropischen Regionen der Erde hingegen ist von allem reichlich vorhanden, es herrschen Vielfalt und Fülle. Es gibt Hunderte, ja Tausende Pflanzen- und Tiergattungen. Jedoch sind die fruchtbaren Gegenden weder mehr noch weniger wertvoll als die Wüsten. Es kommt immer darauf an, was man sucht. Manche Menschen leben lieber hier, andere dort. Manche suchen die Nähe zum Wasser, andere mögen das weite Land, wieder andere zieht es in die Berge. Manche lieben die Wüste, andere den Dschungel.

Dasselbe Prinzip gilt auch für die eigene Umgebung. Auch hier ist Kargheit nicht das Maß aller Dinge. Sie kann gut sein, aber auch Weite und Fülle können gut sein. Man muss herausfinden, was man braucht und was man will. Vielleicht muss man auch, so, wie es von Buddha oder auch dem Heiligen Franziskus überliefert ist, beide Wege ausprobieren und einmal in der Fülle leben, einmal in der Einfachheit. Und sehen, was passt.

Sensible Menschen leiden oftmals unter einem Zuviel an Dingen. Für sie ist es überaus wohltuend, sich auf weniger zu beschränken. Aber: Dieses wenige darf durchaus wertvoll und edel sein. So sind wenige Möbel aus Naturmaterialien und mit handwerklich guter Verarbeitung wohltuender für das Gemüt von sensiblen Menschen als eine Vielzahl an billig produzierten Möbeln, die schon nach dem Aufbau wackeln.

Wenige ausgesuchte Bücher haben eine harmonischere Ausstrahlung als eine große Sammlung an bunt zusammengewürfelten Werken, die nur verwirrt.

Denn gerade diese Menschen haben aufgrund ihrer Sensibilität feinste Antennen, um Schwingungen wahrzunehmen. Sie spüren, ob Qualität in einem Gegenstand steckt und ob er eine gute Energie hat oder eben nicht.

Über die Jahrhunderte hinweg aber wurde in den meisten Menschen etwas anderes verankert. Der Grund ist in den religiösen Überzeugungen zu finden. In den meisten Religionen wird das Materielle eindeutig gering geschätzt. Zwar wussten die Oberen der Religionen schon immer, Gold und Schätze anzuhäufen, doch die Gläubigen sollten lernen, mit wenigem zurechtzukommen, auf Qualität wurde dabei nicht geachtet.

Es ist sicherlich richtig, den Menschen eine geistige Richtung zu geben, die ein Gegengewicht zu der fast magischen Anziehungskraft der Materie bietet, der so viele Menschen in Habsucht und Gier verfallen. Doch in den Überlieferungen der großen Religionsgründer selbst ist keine Abwertung des Materiellen zu finden. Ob Buddha, Jesus oder Mohammed: Sie alle konnten lange Zeit in Askese leben, beten und meditieren. Doch sie wussten auch die Freuden des Lebens zu schätzen. Sie verlangten von ihren Anhängern nicht, in Lumpen herumzulaufen und zu darben. Den Meistern und Heiligen war es wichtig, den Unterschied zwischen den irdischen Gütern und den himmlischen Werten deutlich zu machen. Genuss und Freude an Dingen verboten sie nicht. Sie wiesen lediglich darauf hin, dass es schadet, wenn man es damit übertreibt.

Viele sensible und spirituell ausgerichtete Menschen wenden sich dennoch von materiellen Dingen ab, sie geben ihnen nichts. Sie empfinden sie zuweilen sogar als anstrengend und auslaugend. In der Hinwendung zur Geistigen Welt finden sie Kraft und Trost.

Ein bisschen schade ist das schon. Schließlich sind wir alle ein Teil der Erde. Solange wir hier auf der Erde sind, sollten und dürfen wir uns an der Materie erfreuen. Dafür ist sie da. Sie zu verachten heißt, sie nicht zu würdigen. In der Konsequenz würde das auch bedeuten, Mutter Erde und damit alles Mütterliche nicht zu ehren. Das aber ist gewiss nicht der Sinn des Lebens hier auf der Erde.

Nehmen Sie Ihr Erdenleben mit seiner materiellen Ausprägung an. So schaffen Sie sich eine gute Grundlage, dass Ihre kreativen und schöpferischen Kräfte fließen und sich entfalten können.

Glauben Sie, Ihre Fähigkeiten reichen nicht aus, vielleicht weil Sie bisher wenig Erfolg hatten? Halten Sie Ihre Talente für zu gering? Glauben Sie, Sie seien zwar sensibel, aber nicht kreativ? Oder meinen Sie, Sie hätten es gar nicht verdient, dank Ihrer Kreativität Erfolg zu haben? Trauen Sie es sich aufgrund schlechter Erfahrungen nicht zu, einen Weg zu Ende zu gehen, etwas durchzuhalten?

Halten Sie Ihre Zweifel im Zaum. Vor allem: Bewerten Sie nicht ständig, was war und was ist, und grübeln Sie nicht zu viel darüber, was sein wird.

Schauen Sie, wie es die Pflanzen machen: Ein Baum wertet den Regen nicht als schlimm und die Sonne als gut oder umgekehrt. Er fragt sich nicht, ob er Regen und Sonne überhaupt verdient hat. Er urteilt auch nicht darüber, ob Frühling und Sommer gut sind, weil sie ihm Blüte und Fruchtbildung ermöglichen, und ob Herbst und Winter schlecht sind, weil sie ihm Durchhaltekraft abverlangen. Er überlegt auch nicht, ob Frühling und Sommer schlecht sind, weil sie ihn zu Blüte und Fruchtbildung auffordern, und auch nicht, ob Herbst und Winter gut sind, weil sie ihm eine Auszeit verschaffen. Er grämt sich nicht ob der Dürreperiode des letzten Monats. Und er fragt sich nicht sorgenvoll, wie das Wetter wohl morgen sein wird. Er nimmt alles so an, wie es kommt, jeden Tag aufs Neue. Und er macht etwas daraus: Er wächst, solange es geht.

Das können Sie von der Natur lernen:

Nicht urteilen und nicht werten.
Nicht mit der Vergangenheit hadern.
Sondern annehmen, was war.
Annehmen, was ist.
Annehmen, was kommt.
Und dann etwas daraus machen.

Etwas daraus zu machen – das ist die eigentliche und große Fähigkeit der Menschen. Das können wir vor allem dann, wenn wir entspannt sind – entspannt wie ein Baum. Dann nämlich kann die geistige Kraft, die in uns allen ist, zur Wirkung kommen: die Schöpferkraft. Wir Menschen sind kreativ. Jeder von uns. Sie auch. Verinnerlichen Sie: »Ich bin kreativ.« Das glauben Sie nicht? Aber Sie sind es tatsächlich.

Sie wissen doch: Es gibt Tiere, die schneller laufen als Menschen. Aber Menschen haben Autos erfunden. Es gibt Tiere, die fliegen können. Menschen können das nicht, aber sie haben Flugzeuge erfunden. Es gibt Tiere, die sich durch ihren Pelz vor der Kälte schützen können. Die menschliche Haut würde dazu nicht ausreichen. Aber sie haben Häuser, Heizungen und dicke Kleidung erfunden. Es gibt Tiere, die in Dürrezeiten und Kälteperioden ohne Nahrung auskommen. Ohne Fastentraining brauchen Menschen täglich etwas zu essen, aber sie haben herausgefunden, wie sie ihre Lebensmittel haltbar machen können.

Hinter solchen Erfindungen stehen meistens keine einzelne Menschen. Viele der dafür nötigen Entwicklungen geschahen über viele Generationen hinweg, und immer noch wird weitergeforscht und weiterentwickelt. Jeder Mensch trägt ein bisschen dazu bei. Und wenn es nur ein Arbeitsablauf ist, für den er einen neuen Kniff findet, eine Abkürzung, eine Erleichterung. Sei es beim Kochen, bei der Büroarbeit, beim Holzmachen oder auf dem Weg zur U-Bahn. Aus vielen Kleinigkeiten, aus den Erfahrungen jedes Einzelnen bildet sich das Wissen der gesamten Menschheit. Lernen Sie, Ihre ganz persönliche Kreativität wahrzunehmen. Achten Sie sich als Schöpfer. Schätzen Sie die Werte. Sehen Sie Ihren Wert. Lieben Sie Ihren Wert.

Machen Sie dazu eine kleine **Werteübung:**

Übung:

Beobachten Sie sich an einem ganz normalen Tag. Gehen Sie Ihren gewohnten Tätigkeiten nach. Achten Sie dabei auf jede einzelne Handlung. Warum machen Sie dies so und jenes anders? Sie können Ihre Kreativität in vielen Kleinigkeiten entdecken. Würdigen Sie, was Sie alles tun, wie viele unterschiedliche Tätigkeiten Sie souverän ausführen können. Klopfen Sie sich auf die Schulter für Ihr Tun. Loben Sie sich, weil Sie so viel leisten. Und bedanken Sie sich bei sich selbst. Als Erwachsener bekommt man für die ganz normalen Handreichungen selten Lob oder Dank. Sie sind zu selbstverständlich. Es macht aber Spaß, diese Tätigkeiten einzeln zu sehen und zu schätzen. Vor allem: Man fühlt sich dabei wertvoll. Die Wertschätzung für das, was man kann und leistet, wächst. Das macht es letztlich auch leichter, die Leistungen anderer Menschen zu würdigen. Übrigens: Nicht nur das Tun ist wertvoll. Auch die Fähigkeit, Körper, Geist und Seele eine Pause zu gönnen und sich auszuruhen, zeugt von Weisheit und einem guten Gefühl für den eigenen Wert.

Herzenswunscherfüllung

Hegen Sie einen Herzenswunsch? Einen Wunsch, nach dessen Erfüllung sie sich zutiefst sehnen? Als sensibler Mensch kennen Sie mit Sicherheit den Unterschied zwischen einem ganz normalen Wunsch und einem echten Herzenswunsch. Machen Sie sich auf die Suche, und finden Sie heraus, was Ihre Herzenswünsche sind! Warum? Weil sie Ihrem Leben einen Sinn geben. Das ist der wichtigste Grund. Sich einen Herzenswunsch zu erfüllen macht die Seele heiter und auf tiefster Ebene zufrieden. Es ist, als sei sie nur hier auf der Erde, um diese Wünsche zu hegen und zu erleben, wie sie in Erfüllung gehen. Bei einem Herzenswunsch geht es meist nicht um äußere, materielle Dinge. Trotzdem können auch diese damit zusammenhängen. So kann etwa der Wunsch nach finanzieller Absicherung oder nach einem eigenen Haus ebenfalls ein Herzenswunsch sein. Wenn sich die Seele dadurch behütet und sicher fühlt, ist es richtig. Bewerten Sie Ihre Wünsche nicht, sondern lassen Sie sie zu.

Herzenswünsche sind tief in unserem Inneren verborgen. Meist steuern sie das Denken, Reden und Handeln von der unbewussten Ebene aus. Durch Ihre sensible Ader haben Sie einen guten Zugang zu Ihrem Innenleben. Nutzen Sie diese Fähigkeit, und machen Sie sich Ihre Wünsche bewusst. So können Sie die Motivation für vieles im Leben besser verstehen. Sie wissen, warum Sie etwas machen oder lieber lassen wollen. Sie können klar unterscheiden, welche Handlungen zur Wunscherfüllung hin- und welche davon wegführen. So können Sie entschlossener zu Ihren Entscheidungen stehen, eben weil Sie Ihr Ziel kennen.

Die Sehnsucht nach einem besseren und leichteren Leben ist uralt. Sie ist die Antriebsfeder der Menschheit. Jede Erfindung, jede Entwicklung gründet auf diesem Urtrieb. Trotzdem fragen sich viele feinsinnige und vorsichtige Menschen, wenn sie sich mit Wünschen beschäftigen: »Darf man sich etwas wünschen, oder stellt man sich über die Schöpfung, wenn man sich etwas wünscht?«

Schauen wir uns dazu einmal die astrologischen Zeitalter an. Damit ist eine besondere Art der Zeitbestimmung gemeint, die Rückwärtsbewegung des sogenannten Frühlingspunktes durch den Tierkreis. Der Frühlingspunkt hält sich etwa 2000 Jahre in einem Tierkreiszeichen auf. Aktuell befinden wir uns gerade am Übergang zwischen zwei Zeitaltern, dem Übergang vom Fische- zum Wassermannzeitalter.

Im Widderzeitalter, in den zweitausend Jahren vor Christi Geburt, galt es, sich das zu nehmen, was man begehrte. Wollte man etwas haben, musste man dafür kämpfen. Im Handeln lag, typisch Widder, die eigentliche Kraft.

Das nachfolgende Fischezeitalter lehrte, den eigenen Willen abzulegen und ihn in Gottes Hand zu geben. Es lehrte die Aufgabe des Individuums im Dienste von etwas Höherem. Man wurde an einen Platz gestellt und sollte diesen ausfüllen. Das war die Pflicht eines jeden Einzelnen. Sich etwas zu wünschen, was diesem Platz nicht entsprach, darüber hinausging, galt als unmoralisch. Es galt, das Hinnehmen zu lernen. Nur in Märchen wurde noch von den guten Feen berichtet, von denen man sich etwas wünschen durfte. Mit drei Wünschen war es aber schon genug, und die sollten tunlichst die ewige Seligkeit beinhalten und nicht nur irdische Güter. Diese Märchen waren keinesfalls dumm – im Gegenteil. Die hilfreiche Moral, die durch sie gelehrt wurde, gilt auch heute noch: Dass man nämlich gut darauf achten soll, was man sich wünscht, denn es könnte in Erfüllung gehen. Dass die Wünsche also nicht so kurzsichtig sein sollten, sondern weise und gut überlegt.

Viele Menschen, insbesondere die, die noch im 20. Jahrhundert geboren worden sind, tragen die hinnehmende Energie des Fischezeitalters noch in sich. Immerhin bestimmte diese 2000 Jahre lang das Denken. Der Übergang vollzieht sich allmählich, und viele Menschen müssen erst lernen, mit den neuen Voraussetzungen klarzukommen.

Nun aber ist das Wassermannzeitalter angebrochen. Die Freiheiten für jeden Einzelnen werden damit erheblich größer. Alte Grenzen im Denken und Handeln werden gesprengt. Damit steigt aber auch die Eigenverantwortung. Es ist ein Entwicklungsschritt der Menschheit. Wir allein tragen nun die Verantwortung für unser Tun, dafür, ob wir Glück oder Chaos erschaffen. Wir haben viele Freiheiten, Standesunterschiede zählen kaum noch etwas. Ein Bauernsohn kann Ingenieur, eine Industriellentochter kann Friseurin werden, ein Königssohn kann eine geschiedene Bürgerliche heiraten. Das alles ist nichts Besonderes mehr, es ist weder verboten noch anrüchig. Die umfassende Gleichberechtigung unserer Zeit zeigt sich darin, dass jeder alles versuchen darf.

Der göttliche Kern in uns und die zunehmende Eigenverantwortung machen es möglich, dass wir uns in der Neuen Zeit vieles regelrecht »erschaffen« können. Doch wir tragen eben auch die Verantwortung für das, was wir uns wünschen, was wir denken und tun – und damit auch für die Folgen.

Für das, was wir tun, sind im Wassermannzeitalter also nicht mehr unsere Herkunft, unser Stand, unsere Rasse, unsere

Hautfarbe oder unsere Erziehung verantwortlich, sondern einzig und allein wir selbst. Wir sind nicht mehr dem Schicksal ausgeliefert, müssen es nicht tragen, hinnehmen, darunter leiden, sondern wir können das Schicksal ändern. Im spirituellen Bereich werden zahlreiche Methoden entdeckt, das Karma aufzulösen und das Schicksal zu verändern. Zeitgleich entwickelt sich die Wissenschaft in dieselbe Richtung, greift in das Erbgut ein und übt sich darin, genetische Defekte zu reparieren.

Die Voraussetzungen sind also so gut wie nie, sich das Leben nach den eigenen Wünschen zu gestalten. Bei so viel Freiheit und Selbstbestimmtheit – was sollte uns da noch im Wege stehen? Dürfen wir uns also Gesundheit wünschen, eine glückliche Partnerschaft, einen erfüllenden Beruf, ein schönes Zuhause, materielle Sicherheit und dazu noch gute Freunde? Oder ist das längst zu viel des Guten? Sollten wir uns an den alten Märchen orientieren und es bei drei Wünschen belassen, weil alles andere uns als Nimmersatte outen würde? Oder sollen wir nach Herzenslust wünschen und bestellen? Wir dürfen viel, wir können viel – und es ist auch sehr viel mehr möglich, als sich die meisten Menschen vorstellen können. Und doch: »Alles« geht nach wie vor nicht.

Warum aber erfüllen sich nicht alle Wünsche? Wenn deren Erfüllung niemandem schaden würde, im Gegenteil, vielleicht noch der Gemeinschaft nutzen würde? Welche Blockaden stehen da im Weg? Da bleibt uns nichts anderes übrig, als die Ursache in uns selbst zu suchen. Also doch wieder »selbst schuld«? Ja und nein. Es scheint, als habe sich die Seele bestimmte Aufgaben gestellt, die sie während ihres Erdenaufenthalts bewältigen möchte. Zwar lassen sich auch viele dieser selbst gestellten Aufgaben nachträglich ändern, ein

Seelenvertrag kann aufgelöst und neu geschrieben werden, auch während des Lebens, doch manches bleibt dennoch bestehen. Bestimmte Herausforderungen wollen und müssen wohl gemeistert werden. Nicht jede Krankheit kann weggewünscht, nicht jede heikle Situation entschärft werden. Die Achtung vor dem Höheren und Göttlichen zu bewahren ist beim Wünschen genauso grundlegend wie beim Essen, Arbeiten, Lieben und Leben.

Geben Sie Ihre Wünsche nicht auf, sondern finden Sie Ihre wichtigsten Wünsche, Ihre Herzenswünsche, heraus. Prüfen Sie, ob sie Ihren inneren Bedürfnissen entsprechen und nicht denen der anderen. Kommen Sie Ihren Wünschen auf den Grund. Sind es Herzenswünsche, sind sie automatisch kraftvoll und somit erfüllbar.

Fragen Sie sich, was Sie wirklich wollen. Suchen Sie einen Partner, weil andere Sie ständig danach fragen, weil Sie ungern allein sind oder weil Sie Liebe geben und bekommen möchten? Wünschen Sie sich mehr Geld, um sich Dinge zu kaufen, die Sie zwar nicht brauchen, mit denen Sie aber Menschen imponieren können, die Ihnen im Grunde egal sind? Oder wünschen Sie sich mehr Geld, weil Sie sich damit unabhängig fühlen? Streben Sie eine Beförderung an, um die Erwartungen Ihres Vaters zu erfüllen und um Ihre Kollegen zu übertrumpfen? Oder ist es wirklich Ihr innerer Drang, Ihr Können zu zeigen?

Mit dem Verstand lassen sich die echten, inneren Wünsche selten herausfinden. Wenn Sie einen Wunsch haben, der sich darauf begründet, was andere für gut halten, was Ihnen die Werbung verspricht oder was Sie meinen, Ihrer gesellschaftlichen Stellung schuldig zu sein, dann ist das kein Herzenswunsch. Das ist ein Wunsch, der vom Verstand gesteuert wird. Ein Herzenswunsch hingegen kommt rein aus dem Gefühl. Sie können ihn mit dem Herzen fühlen, nur mit dem Herzen.

Aber aufgepasst: Da gibt es einen kleinen Kommentator im Kopf, der Ihnen die schönsten und größten Wünsche madigmachen will: »Das geht nicht, weil ... das funktioniert sicher nicht ...« So oder ähnlich flüstert er Ihnen zu und funkt Ihnen auch bei den herrlichsten Träumen dazwischen. Lassen Sie ihn reden, und träumen Sie unbeirrt weiter. Stellen Sie sich vor, da zwitschere nur ein Vogel, der Sie gar nicht weiter stört. Richten Sie Ihre Aufmerksamkeit wieder auf Ihren Wunsch, lassen Sie sich von Ihrer Sehnsucht führen und von der Weisheit Ihres Herzens leiten.

Schon sind Sie mittendrin in einer kleinen **Herzenswunsch-Meditation:**

Übung:

Fragen Sie sich: »Was wäre, wenn ich einen Wunsch frei hätte?« Stellen Sie sich das vor. Unabhängig von Alter, finanziellen Mitteln und persönlichen Verpflichtungen. Es kann eine berufliche Tätigkeit sein, eine Lebensweise, eine besondere Art, Ihre Zeit zu verbringen. Lassen Sie sich Zeit. Spielen Sie gedanklich verschiedene Möglichkeiten durch – die Welt steht Ihrer Fantasie offen. Suchen Sie so lange, bis Sie etwas gefunden haben, das eine starke Gefühlsreaktion in Ihnen auslöst. Kein »Ach ja, das wäre nett«, sondern ein »Ja, genau, das ist es!«. Stellen Sie sich dann vor, wie Sie sich fühlen würden, wenn sich Ihr Wunsch erfüllt hätte. Fühlen Sie sich glückselig, jubelt Ihr Herz, sehen Sie sich lachen, sehen Sie, wie froh Sie sind, wie stolz Sie auf sich sind? Dann sind Sie richtig. Das ist es! Gehen Sie nun wieder aus der meditativen Versenkung heraus, zurück in Ihre Wirklichkeit.

Merken Sie sich aber das wunderbare Gefühl, das aufgetaucht ist, als Sie sich vorgestellt haben, dass Ihr Wunsch in Erfüllung gegangen ist. Rufen Sie es sich in Erinnerung, wenn zukünftig eine Entscheidung ansteht. Wenn dieses starke Gefühl der inneren Freude dann wieder auftaucht, dann sind Sie auf dem richtigen Weg. Dem Weg, der Sie zu Ihrem Herzenswunsch führen wird. Bleiben Sie jedoch offen für eventuelle Wendungen. Die Erfüllung kann anders ausfallen, als Sie es erwartet haben. Sie werden spüren, dass es die Erfüllung ist, weil dasselbe starke Gefühl wie bei Ihrer Herzenswunsch-Meditation in Ihnen ausgelöst wird.

Ihre Herzenswünsche zu kennen versetzt Sie in eine Position der Stärke. Aus dieser Position heraus lassen sich alle Situationen, alle Herausforderungen meistern.

Schicksalsschläge werden auch dann nicht ausbleiben, denn sie sind ein Teil des Lebens. Aber: Sie werden besser mit ihnen zurechtkommen. Denn mit Ihren Herzenswünschen haben Sie den Zugang zur Kraft Ihrer Seele gefunden.

Übrigens: Falls bei Ihrer geistigen Reise zu Ihrem Herzenswunsch mehrere Wünsche auftauchen und Sie sich nicht für einen entscheiden können, dann spüren Sie in jeden einzelnen Wunsch hinein. Sich »das Richtige« zu wünschen, und zwar auf lange Sicht, dieser Rat der guten Märchenfee gilt auch heute noch. Ebenso wie der Tipp, nicht zu viele Baustellen auf einmal zu eröffnen. Drei Wünsche wären hier tatsächlich ein guter Anfang. Diese werden Sie stärker beseelen, werden Sie mit noch größerer Freude erfüllen als die anderen – und diese Wünsche sind es.

Wenn Sie diese innere Klarheit einmal gefunden haben, die Richtung, wohin es Ihr Herz zieht, dann brauchen Sie nur noch eines zu tun: Stärken Sie Ihr Vertrauen. Glauben Sie daran, dass Ihre Wünsche zur rechten Zeit erfüllt werden. Sie brauchen gar nicht so viel Druck zu machen, Sie müssen auch nicht immer etwas tun. Lehnen Sie sich zurück, entspannen Sie sich, und lassen Sie es geschehen.

Armsein und Reichsein

Mit Geld weise umzugehen – das versuchen die Menschen schon, seit sie das Geld erfunden haben. Mit mehr oder weniger Erfolg. Die Bandbreite zwischen Askese und Verschwendung ist gewaltig, genauso zwischen Gier, Abhängigkeit und Moralisierung. So richtig gekonnt und locker geht kaum einer mit Geld um. Auch sensible Zeitgenossen haben hier so ihre Probleme. Diese meinen oft, dass ihnen Geld wenig bedeutet. Andererseits besteht durchaus der Wunsch danach, sind sie doch auch nur Menschen mit ganz normalen Bedürfnissen, welche befriedigt werden wollen.

Auf der einen Seite steht also der Traum von Geld, Reichtum und Besitz: »Mit Geld könnte ich viele meiner Probleme lösen.« – »Mit Geld könnte ich mich aus Abhängigkeiten befreien.« – »Mit einer ordentlichen Summe hätte ich weniger Sorgen.«

Auf der anderen Seite stehen moralische Werte. Etwas Anrüchiges haftet dem Geld an. Sensible Menschen messen dieser Seite meist mehr Gewicht bei als dem Wunsch nach Reichtum. Mit der Konsequenz, dass gerade sie häufig darben und ihre Einfühlsamkeit, ihr Können und ihr Engagement ohne Gegenleistung hingeben. Das wiederum bringt oftmals eine Abhängigkeit von anderen Menschen oder vom Staat mit sich.

Wer sich mit Astrologie beschäftigt, der weiß: In der astrologischen Häuserlehre gibt es die sogenannte Werteachse. Hierbei wird Geld mit Werten, mit Selbstwert und mit Selbstliebe verknüpft. Auch Themen wie Besitz, Eigentum, Macht und Sexualität haben damit zu tun. All diese Themen sind mit Tabus und Schuldgefühlen belastet. Und all diese Themen scheinen gefährlich zu sein. Tabuthemen sind immer schwer zu handeln, schwer zu bewältigen. Macht, Sexualität, Geld und Besitz – durch all das können Menschen korrumpiert werden. Man kann weise damit umgehen, aber immer ist damit eine Herausforderung für den Charakter verbunden. Das gilt auch für Geld.

Über Geld spricht man nicht, heißt es, vermutlich genau aus diesem Grund. Man will sich schließlich nicht die Finger schmutzig machen. Und doch ist Geld eine Energieform. Es kann diabolisch, aber auch höchst göttlich sein. Geld fasziniert die Menschen und verändert sie – das ist Magie.

Nicht jedem ist Geld wichtig. Manchen bedeutet es nichts, egal, ob sie viel oder wenig davon haben. Wenn Sie zu diesen Menschen gehören, dann ist es gut so. Doch wenn Sie den Wunsch – und damit ist nicht die Gier gemeint – nach Geld und materiellen Gütern haben, dann drückt sich damit lediglich ein Grundbedürfnis aus, das Sie sich erlauben sollten zu befriedigen. Das gilt auch dann, wenn Ihnen Ihre spirituelle Entwicklung sehr am Herzen liegt und wenn Sie wissen, dass wahres Glück und echte innere Zufriedenheit nicht vom Geld abhängig gemacht werden dürfen.

Es stimmt, Geld allein macht nicht glücklich. Aber macht kein Geld zu haben glücklicher? Geld macht genauso wenig glücklich wie Armut. Glück und Geld, das sind zwei Paar Stiefel. Sie müssen sich nicht für eines davon entscheiden, Sie können durchaus glücklich und reich sein. Sie können auch unglücklich und reich, glücklich und arm oder unglücklich und arm sein. Das eine ist nicht vom anderen abhängig.

Der Vorteil von Wohlstand ist: Sie haben die Sorgen um die Existenzsicherung hinter sich gelassen. Ihnen stehen viele Möglichkeiten offen, dem Körper etwas Gutes zu tun, den Geist zu erfreuen und die Seele zu erheben. Gerade als spiritueller und sensibler Mensch können Sie viel Gutes bewirken – für sich selbst und für andere. Sie können fair hergestellte und gehandelte Produkte kaufen und damit Menschen in Afrika, Südamerika und Asien unterstützen. Sie können Geld spenden. Sie können Projekte unterstützen, die Sie für gut und sinnvoll halten. Sie können Ausbildungen auf den Gebieten machen, wo Ihre Talente liegen, und mit diesen dann arbeiten. Man kann so viel Gutes mit Geld bewirken. Warum also nicht danach streben?

Können Sie folgende Sätze sagen, ohne zusammenzuzucken, ohne sich schuldig zu fühlen, ohne schlechtes Gewissen zu haben, ohne Angst vor Neid und Gier, sondern aus einem wirklich guten Gefühl heraus?

»Ich erlaube mir, Geld zu haben.«
»Ich erlaube mir, reich zu sein.«
»Ich erlaube mir, im Wohlstand zu leben.«

Probieren Sie es aus. Wiederholen Sie die Sätze. Sagen Sie sie immer wieder, bis es sich leicht und gut anfühlt. Denn wenn Sie es sich selbst nicht erlauben, gut zu leben – wer sollte es dann tun? Von wem erwarten Sie das Okay? Wer sollte es Ihnen verbieten, wer es Ihnen gestatten? Ermächtigen Sie sich selbst. Geben Sie sich die Macht. Trauen Sie sich, gestehen Sie es sich zu, erlauben Sie es sich, reich und wohlhabend zu sein. Als sensibler Mensch werden Sie eine besondere Verantwortung damit verbinden. Machen Sie etwas Gutes daraus, etwas, das Sie selbst gut finden.

Bei beiden Extremen, totaler Armut und gewaltigem Reichtum, ist die Beziehung zum Geld meist gestört. In extremen Bereichen besteht schließlich immer die Gefahr, dass man eine Seite verdrängt oder sie überzogen auslebt. Die Gefahr, dass bei der Bewältigung von Extremen der Charakter verdorben wird, ist immer enorm. Das gilt in Bezug auf Macht ebenso wie in Bezug auf Geld.

Wenn jemand überhaupt kein Geld hat, handelt es sich bei ihm in den seltensten Fällen um einen überzeugten Bettelmönch oder einen Yogi, der von Luft und Gebeten leben kann. Meist hat die ganz normale Armut zugeschlagen, durch die das Überleben zum Kampf wird. »Was soll ich heute essen? Wo schlafen? Wie überstehe ich den Tag?«, das sind die Fragen, die sich ein solcher Mensch tagein, tagaus stellen muss. Hier nicht zum Dieb zu werden und in die Illegalität zu rutschen ist eine große Herausforderung. Hat ein Mensch jedoch besonders viel Geld zur Verfügung, ist die Herausforderung nicht minder gering. Auch dann ist es eine große Aufgabe, ein guter Mensch zu bleiben.

Mag sein, dass Geld den Charakter verdirbt. Aber macht ein Mangel an Geld bessere Menschen? Geld korrumpiert, wenn es im Übermaß vorhanden ist, und auch, wenn es fehlt. Trotzdem: Nicht das Geld selbst ist die Gefahr. Geld an sich ist neutral. Es kann aber als Auslöser wirken. Am Umgang mit Geld lässt sich erkennen, wie es um die Charakterfestigkeit bestellt ist. Wird man schwach, wirft man die Grundsätze über den Haufen, wird man geizig, verschwenderisch oder gierig? Das Geld zeigt, wie es um die innere Standfestigkeit bestellt ist. Wenn Sie merken, dass Ihr Selbstwert mit der Menge des Geldes wächst oder sinkt, wissen Sie, dass Sie den Fallstricken der Geldenergie schon erlegen sind. Mit einem stabilen Selbstwertgefühl dagegen schaffen Sie es, die Gefahren zu bannen, die ein Überfluss oder ein Mangel an Geld mit sich bringt.

Lassen Sie sich dazu auf die kommenden Übungen und Meditationen ein. Freuen Sie sich darauf, Ihre innere Stabilität und Kraft wachsen zu sehen. Ihr Verhältnis zu Geld und Werten kommt in Balance.

Die meisten von uns haben ein durchschnittliches Einkommen. Da sind die Möglichkeiten, die Geld einem beschert, begrenzt, gleichzeitig aber auch die Gefahren, die es birgt. Das ist gar keine so üble Situation, wirklich! Wir sollten sie viel mehr wertschätzen. Denn in durchschnittlichen Verhältnissen zu leben, bedeutet in der Regel mehr Stabilität. Die Gefahr, in extreme Verhaltensweisen abzurutschen, ist geringer. In dieser Situation fällt es leicht, schnell ein Urteil über »die Reichen« beziehungsweise »die Armen« zu fällen, wobei Moral und Ideale groß geschrieben werden.

Aber erst wenn wir auf Geld verzichten müssen oder mit Geld überschwemmt werden, können wir beweisen, welche unserer Grundsätze Bestand haben. Reizt es Sie auszuprobieren, wie Sie in beiden Fällen reagieren würden?

Machen Sie hierzu die kleine Gedankenübung **»Arm oder reich«:**

Übung:

Stellen Sie sich vor, Sie verlieren Ihr gesamtes Vermögen. Selbst wenn Sie ohnehin nur wenig hatten – dieser Besitz ist nun auch weg. Sie haben nichts. Sie können sich keine materiellen Wünsche erfüllen. Sie gehören jetzt zu denen, die auf die Hilfe anderer oder die Unterstützung des Staates angewiesen sind. Sie fragen sich, ob Sie echte Freunde haben, die Sie um Hilfe bitten können. Sie können Ihre Situation als erniedrigend wahrnehmen, als belastend. Oder

sie empfinden sie als befreiend.
Der Positive an dieser Erfahrung ist: Als Armer können Sie es sich selbst beweisen, dass Sie immer ehrlich und freundlich bleiben, weder stehlen noch betrügen, dass Sie nicht verbittert werden und niemanden ausnutzen, nicht einmal den Staat.

Und dann stellen Sie sich vor, dass Sie zu großem Reichtum kommen. Sie gehören nun zu denen, die Geld im Überfluss haben. Sie können sich eine Villa in Ihrer Lieblingsstadt leisten. Sie fahren ein modernes Elektroauto oder eine luxuriöse Limousine. Sie kleiden sich in angesagter Designermode oder tragen nur noch biologische Kleidung. Zumindest könnten Sie das alles und noch mehr. Aber Sie fragen sich, wer eigentlich Ihre wahren Freunde sind. Das alles kann sich bedrückend anfühlen.
Es kann sich auch gefährlich anfühlen. Und es kann sich toll anfühlen und befreiend. Der Positive hierbei ist: Als Reicher können Sie zeigen, dass Sie mildtätig und gütig bleiben und nicht geizig, verschwenderisch oder überheblich werden.

Sie werden allein schon bei diesem kurzen Gedankenspiel feststellen: Beides ist nicht leicht, das Reichsein nicht und das Armsein auch nicht. Machen Sie sich durch diese kleine Übung bewusst, dass Geld eine magische Energie in sich trägt und dass Sie sich auf eine mächtige Kraft einlassen. Trauen Sie sich an das Geld ran. Das können Sie auch als sensibler Mensch. Denn Sie haben Ihre Vorsicht und Ihre tiefen Gefühle. Betrachten Sie diese als besondere Kräfte, auf die Sie sich verlassen können. Denn sie wirken wie ein feiner, fast magischer Schutz vor den Fallen der negativen Geldenergie.

Geld ist neutral

Eine weitverbreitete Ansicht hinsichtlich Geld ist, dass es schmutzig, sogar gefährlich ist. So viel Unheil sei schon damit angerichtet worden, meinen viele Menschen. Auch habe es bereits unzählige Charaktere verdorben. Das stimmt – aber das ist nur eine Seite der Medaille. Ja, mit Geld ist schon viel Böses getan worden, aber auch viel Gutes. Und ja, Geld hat schon so manchen Charakter verdorben. Doch ein Mangel an Geld hat auch schon aus so manchem braven Menschen einen Betrüger und Dieb gemacht.

Sensible Menschen spüren sehr viel. So ist es kein Wunder, dass sie all das empfangen, was an Wissen und Erfahrungen in Bezug auf Geld und Materie im kosmischen Wissensspeicher abgespeichert ist. Es erscheint ihnen schwer und mühsam zu sein, sich mit diesen Urteilen und Vorurteilen auseinanderzusetzen oder sie gar zu überwinden. Dadurch sind sie oft gezwungen, in schwierigen materiellen Verhältnissen zu leben.

Können Sie sich vorstellen, richtig viel Geld zu haben? Finden Sie schon die Vorstellung unmoralisch oder eher gut? Steigen in Ihnen Zweifel auf wie »Darf ich das? Steht mir das zu? Verdirbt das meinen Charakter?«? Dann treffen Sie erst einmal eine bewusste Entscheidung. Entscheiden Sie sich klar und eindeutig für Fülle und für Wohlstand.

Ja, Sie dürfen das. Ja, es steht Ihnen zu, es steht jedem zu. Nein, den Charakter verdirbt nicht das Geld, sondern die Gier. Geld an sich ist neutral, die Gier ist es nicht. Den Charakter kann auch ein Mangel an Geld verderben.

Versenken Sie sich dazu in eine **Geld-Charakter-Meditation.**

Übung:

Machen Sie es sich gemütlich. Setzen Sie sich bequem hin. Atmen Sie ein paar Mal tief ein und aus. Kommen Sie zur Ruhe, und konzentrieren Sie sich auf Ihr Inneres. Lassen Sie dann vor Ihrem geistigen Auge Ihre Ängste in Bezug auf Geld auftauchen wie Wolken an einem strahlenden Sommerhimmel – und lassen Sie sie auch wie Wolken vorbeiziehen. Da kann auf einer Wolke stehen: »Geld verdirbt meinen Charakter.« Auf einer anderen Wolke kann stehen: »Das Geld reicht nie.« Und auf einer dritten: »Es steht mir nicht zu, mehr Geld zu haben als XY.« Vielleicht tauchen noch weitere Sätze auf. Lassen Sie es geschehen, so lange, bis alle Ihre Ängste benannt sind. Schauen Sie sich die Wolken mit diesen Sätzen ganz neutral an. Kommen sie Ihnen nicht selbst ein bisschen komisch vor? Wer sagt das eigentlich? Wer hat Ihnen das eingeredet? Warum sollen diese Aussagen wahr sein?

Stellen Sie sich einen frischen Wind vor. Er pustet die Wolken weg, eine nach der anderen zieht an Ihnen vorbei und löst sich im Licht der Sommersonne einfach auf. Vom hellen Sommerhimmel schickt Ihnen die Sonne leuchtende Strahlen herab. Auf einem Lichtstrahl kann stehen: »Meine Charakterstärke hat nichts mit der Größe meines Vermögens zu tun.« Auf einem anderen: »Ich habe immer ein bisschen mehr Geld, als ich brauche.« Auf einem dritten: »Ich darf Geld haben. Auch wenn es mehr ist, als XY hat. Das hat nämlich nichts miteinander zu tun.« Oder: »Meine Einkünfte fließen reichlich. Ich mag das, und es ist in Ordnung.« Lassen Sie weitere Sätze kommen, die die destruktiven Sätze ersetzen. Wenn Sie möchten, schreiben Sie sich die neuen Sätze auf. Kommen Sie dann wieder in Ihre Wirklichkeit zurück – und freuen Sie sich noch einmal über die Sätze voller Fülle und Reichtum.

Warum nicht lernen, mit dem Thema Geld umzugehen? Die Schamanen sagen, ausgehend von mehreren Leben, dass wir alle alles erleben: Wir sind Täter, Opfer, Reiche, Arme, Mächtige, Unterdrückte, Abhängige, Freie. Jeder erlebt im Laufe der Zeit alles. Manchmal ist man mehreres zugleich, manchmal lebt man die Rollen nacheinander, in diesem oder einem anderen Leben. Es sind alles Erfahrungen, von denen keine nur gut oder nur schlecht ist. Wir müssen aber nur so lange in einem Zustand bleiben, bis wir die Herausforderungen, die er bietet, gemeistert haben. Das muss kein ganzes Leben lang dauern und schon gar nicht mehrere.

Unsere Aufgabe ist es, aus der jeweiligen Lage das jeweils Beste zu machen, die Fallstricke in dieser besonderen Situation zu erkennen und sie zu überwinden. Somit brauchen wir uns nicht damit aufzuhalten, andere Menschen zu kritisieren, wie sie ihr Leben führen, uns darüber aufzuregen, was sie aus unserer Sicht alles falsch machen. Jeder Mensch trägt die Verantwortung für sein eigenes Leben, darin besteht die Herausforderung. Uns fallen vielleicht auch nur deshalb Lösungen ein, weil wir diese Phase, die der andere gerade durchlebt, schon hinter uns haben und wir deshalb die richtigen Wege erkennen. Als Gemeinschaft können wir voneinander lernen und einander unterstützen. Das geht aber nicht, indem man die anderen verurteilt und schlechtmacht. Auch nicht als Opfer den Täter, als Unterdrückter den Mächtigen, als Armer den Reichen. Das ist schwer, aber möglich.

Wenn Sie aktuell etwas über das Thema Geld zu lernen haben, dann nehmen Sie die Herausforderung an, und freuen sich darauf wie auf eine spannende Entdeckungsreise. Denn das ist es zweifellos. Lernen Sie, Geld neu, als unbelastete Energie wahrzunehmen.

Sie werden bald etwas Interessantes feststellen: Das geht mit virtuellem Geld, also mit dem, was über die Konten bewegt wird, leichter als mit Bargeld. Dass Letzteres auch mit einer eigentlich neutralen Einstellung zu Geld als »schmutzig« empfunden wird, hat andere Gründe. Es ist tatsächlich schmutzig. Nicht aufgrund dessen, dass es durch viele Hände geht und deshalb Bakterien aufnimmt. Sondern weil es durch viele Hände geht und die Sorgen und Ängste von den Menschen aufnimmt. Daher ist seine Energie trübe und schmutzig. Das ist es, was das feine Gespür von sensiblen Menschen auffängt und wovor es sie warnt.

Die meisten Menschen tauschen ihr Geld nicht leicht und gerne gegen schöne Waren wie etwas Gutem zu essen ein, sondern mit Entsetzen: »Was? So teuer? ... Was das alles kostet ... Aber es muss ja sein«. Zähneknirschend zahlen sie. Schweren Herzens zahlen sie. Mit zusammengezogenem Magen zahlen sie. Das Loslassen fällt ihnen schwer. Die Angst, dass es nicht reicht, die Sorge, dass nicht genug nachkommt, die Wut über die Verteuerung – all das legt sich als trübes, dumpfes Energiefeld auf das Bargeld. Das ist spürbar. Sensible Menschen spüren es sehr direkt, weniger sensible spüren es auf einer anderen, unbewussten Ebene. Ansteckend wirkt es immer.

Solche energetischen Aufladungen gibt es aber auch im positiven Sinne. Bestimmt kennen Sie dies von Kirchen und alten Kraftplätzen. Über Jahrhunderten hinweg gehen Menschen mit ihren Bitten, Danksagungen, Wünschen oder Segenssprüchen zu solchen Orten. Die Energie dort wird immer stärker, je häufiger sich die Worte und Gedanken wiederholen.

Es gibt Plätze, an denen es sich wunderbar anfühlt, eine Bitte auszusprechen. Eine Art Wunscherfüllungsenergie hat sich dort manifestiert. Es gibt Plätze, an denen man sein Leid und seine Sorgen abladen kann. Andere Plätze scheinen wie gemacht dafür zu sein, sich dort bedanken zu können. Man empfindet großes Glück, dort einfach nur Danke zu sagen.

Solche Plätze stellt die Natur zur Verfügung, aber sie können auch von Menschen gemacht sein. Eine Steinsetzung, ein Bild, ein Symbol, ein Gebet – die Möglichkeiten, einen »normalen« Ort zu einem Kraftort zu machen, sind zahlreich. Wird dieselbe Kraft immer und immer wieder hier hineingegeben, bildet sich schließlich ein Energiefeld. Das ist auch der Grund, warum manche heiligen Orte tatsächlich Wunder bewirken. Es spielt keine Rolle, ob an dem entsprechenden Ort tatsächlich die Gebeine eines verstorbenen Heiligen liegen oder womöglich nur Hühnerknochen – die Bitten und Gebete der Menschen, die an diesen Ort pilgern, sind es, die diesen Ort zu etwas Besonderem, zu etwas Heiligem machen.

Beim Geld wirkt diese Methode ebenfalls. Geld an sich ist neutral. Es ist nur ein Trägermaterial für Informationen – wie die Hühnerknochen an der Pilgerstätte. Auf Geldscheinen und -münzen ist die Information über deren Wert deutlich sichtbar abzulesen: 1 Euro, 10 Euro, 100 Euro usw. Die Pilgerstätte, wo die Knochen liegen, wird nach dem Heiligen benannt. Weitere Informationen kommen durch die Gedanken und Gefühle der Menschen hinzu. Das sind bei den Knochen die Segen, die Bitten und die Dankbarkeit. Bei Geld sind es die Sorge und die Angst vor Mangel und Armut. Diese nicht sichtbaren Informationen sind es, die im Geheimen auf uns wirken. Sie wirken, wenn wir an einer Pilgerstätte um Heilung bitten, und auch, wenn wir Angst vor dem Mangel haben, sobald wir einen Geldschein in den Händen halten. Wir bekommen, was wir denken: Heilung beim Kraftort, Mangel beim Geld.

Positive Informationen in Richtung Wunscherfüllung und Freude schwingen beim Geld sehr selten mit. Obwohl es durchaus Menschen gibt, die sich so gut wie alles leisten können. Aber: Genau diese Superreichen, die sich alles kaufen können, haben mit den Scheinen und Münzen in der Regel wenig zu tun. Sie verwalten ihr Geld auf anderen Ebenen. Es sind die ganz normalen Leute, durch deren Hände die Münzen und Geldscheine fließen – und die haben viel zu wenig davon. So übertragen sie ihr Mangelbewusstsein und ihre ganzen Sorgen und Ängste auf die Münzen und Scheinen. Und jeder, der damit zu tun hat, holt sich diese Energie in den eigenen Geldbeutel und zu sich nach Hause. Dieses trübe und ängstliche Gedankenfeld wirkt ansteckend.

Durch Segnen und Danken kann man das Geld von negativen Energien befreien und so bewirken, dass das Geld wieder leichter fließt.

Jeder von uns kann dazu beitragen. Angefangen bei seinem eigenen Geld. Bei jedem Geldstück und Geldschein, das bzw. der durch seine Hände geht. Das Geld muss nicht einmal positiv aufgeladen werden, es genügt schon, es nur wieder neutral zu machen. Das Geld soll von seinen Belastungen befreit werden. Wer sich schon einmal mit energetischer Reinigung beschäftigt hat, wird einige wirksame Methoden kennen. Die Kraft der Elemente zu Hilfe zu nehmen – Feuer, Erde, Luft, Wasser und Äther – funktioniert besonders gut.

Suchen Sie sich **Ihre Lieblingsreinigungsmethode** aus:

Übung:

Umgeben Sie Ihr Geld gedanklich mit Licht, hüllen Sie es in Licht, und lassen Sie es damit vom Element Feuer reinigen.
Das Element Erde unterstützt Sie ebenfalls dabei, Ihr Geld zu reinigen. Wischen Sie die Münzen und Scheine einfach mit einem Tuch ab.
Lassen Sie Ihr Geld vom Element Luft reinigen. Stellen Sie sich vor, wie es von einem Windstoß von allem befreit wird, was daran haftet.
Oder reinigen Sie Ihr Geld mit dem Element Wasser. Tauchen Sie die Münzen in Wasser, und lassen Sie die Scheine in Ihrer Vorstellung umspülen und reinigen.
Reinigen Sie Ihr Geld mit dem Element Äther, also mit Worten und Segenssprüchen.
Wahre Wunder bewirkt außerdem ein Dankeschön: »Danke, dass du da bist.« – »Danke, dass du bei mir vorbeischaust.« Oder einfach nur: »Danke.« Beim Weitergeben des Geldes, also beim Bezahlen, schicken Sie bitte kein Bedauern über das Loslassenmüssen mit, sondern geben Sie dem Geld einen Segen mit auf den Weg: »Danke, ich konnte mir etwas Wichtiges kaufen. Mache jetzt anderen eine Freude.« Oder: »Auf Wiedersehen.« Machen Sie das nicht nur bei einer Barzahlung so, sondern auch bei Überweisungen und Abbuchungen.

Es ist nur ein kleiner Beitrag, durch den Sie sicher nicht das Geldsystem der ganzen Welt ändern können. Aber es ist ein Anfang. Sie vertreiben das Feld von Angst, Sorgen und Mangel aus Ihrem eigenen Denken und Ihrem eigenen Geldbeutel und ersetzen es durch ein Feld der Freude. Sie werden sehen: Der Geldfluss kommt in Schwung. Dem Geld macht es Spaß, bei Ihnen zu sein. Und vielleicht nimmt der Wohlstand in Ihrer Umgebung ebenfalls langsam zu. Denn auch die positive Energie des Geldes ist ansteckend.

Liebe oder Geld?

»Alles geht nicht.« Das ist ein alter Glaubenssatz, der sich tief bei uns Menschen eingeprägt hat. So meinen viele, sich zwischen Geld und Liebe entscheiden zu müssen. Ein altes Denk- und Erfahrungsmuster könnte dahinterstecken. Als sensibler Mensch sind Sie besonders empfänglich dafür.

Schauen Sie daher kurz zurück in der Geschichte:

Über viele Jahrhunderte hinweg war es Brauch, jemanden zu heiraten, der vom Stand her zu einem passte. Die Liebe spielte dabei eine untergeordnete Rolle. Sie war etwas für Minnesänger und die Theaterbühne. Im Alltag war wenig Platz für Gefühle. Da waren Dinge wie Stabilität und Sicherheit wichtig, eine gute Gesundheit und eine ausreichende materielle Grundlage, um eine Familie gründen und ernähren zu können. Auch der Aspekt des Machtzuwachses und Ausweitung des Einflusses der gesamten Familie spielte zuweilen eine Rolle. Meist wurden die jungen Leute nicht einmal gefragt, wen sie heiraten wollten. Es wurde einfach bestimmt. Ihre Wünsche und Neigungen wurden beiseitegeschoben. Die meisten nahmen es als gegeben hin nach dem Motto: »Das war doch schon immer so.« Oder im besten Fall: »Die Liebe wird schon noch kommen.«

Die Dinge waren so, wie sie eben waren. Man konnte darunter leiden oder sie hinnehmen. Der Einzelne zog es nicht in Betracht, die Umstände verändern zu können. Allein die Vorstellung, sich gegen die Traditionen aufzulehnen, galt als unmöglich, als nicht gottgewollt, als unredlich. Man fügte sich also in sein Schicksal. Allerdings nicht alle. Insbesondere die nicht, die ihre wahre Liebe gefunden hatten – vermutlich die sensibleren Wesen unter unseren Vorfahren. Sie brachen damals schon aus den vorgezeichneten Bahnen aus. Sie hörten auf ihr Herz – aber mussten dafür oftmals ihren Stand und ihr Ansehen aufgeben, ihr Vermögen, die Familie und alle Sicherheiten. Die Entscheidung, die sie treffen mussten, verlangte ihnen das Äußerste ab. Manchmal zerbrachen sie auch daran, wählten den Freitod oder wurden schwermütig. Ihre Seele litt Qualen.

Frischer Wind kam in der zweiten Hälfte des 18. Jahrhunderts auf. Querdenker und Freidenker, Künstler und Könige, Philosophen und Glücksritter zeigten neue Wege auf. Die Zeit der Aufklärung war da. Alte Denkstrukturen wurden hinterfragt und verkrustete Machtstrukturen aufgebrochen. In diesen Jahrzehnten wurde es wichtig, was der einzelne Mensch dachte und wollte. Das Individuum war sozusagen entdeckt worden bzw. entdeckte sich selbst.

Beinahe gleichzeitig zum geistigen Aufbruch erfolgte auch der gefühlsmäßige. Die Zeit der Romantik war angebrochen. Der Einzelne fragte sich: »Was fühle ich?« Große Dichter schwärmten von Liebe und Sehnsucht. Die Welt der Gefühle wurde besungen. Die Liebe sollte kein Feld der Sehnsucht bleiben, sie wurde benannt, sie war das erklärte Ziel. Johann Wolfgang von Goethe schrieb mit seinem Roman »Die Leiden des jungen Werther« einer ganzen Generation aus der sehnsuchtsvollen Seele.

Mit jedem nun folgenden Jahrzehnt wurde den Gefühlen mehr Beachtung gezollt. Den endgültigen Durchbruch brachten die großen Kriege im 20. Jahrhundert. Das Chaos, das damals entstand, macht es notwendig, die Gesellschaft neu zu ordnen. Dadurch veränderte sich auch das Denken grundlegend. In unserer heutigen Gesellschaft ist die freie Partnerwahl, unabhängig von gesellschaftlichen Rängen, eine Selbstverständlichkeit. Die Liebe hat also gesiegt und sich über alle Konventionen hinweggesetzt.

Dieser Sieg der Liebe läutete eine neue Zeit ein – unsere Zeit. Zu unseren Aufgaben in dieser Zeit gehört es, uns der alten, übernommenen Vorstellungen anzunehmen und sie zu transformieren. Die über Jahrhunderte hinweg gepflegte Überzeugung, dass Geld und Liebe nicht miteinander vereinbar seien, zählt ebenfalls dazu.

Die Erinnerung an die früheren Zeiten sitzt bei vielen Menschen allerdings noch sehr tief. Viele meinen immer noch, sich zwischen Geld und Liebe entscheiden zu müssen. Zu oft in der Vergangenheit wurde diese Erfahrung gemacht, über Generationen hinweg, immer und immer wieder. Das heißt, dass die alten Muster erst einmal weiter bestehen.

So gibt es viele Menschen, die sich für die Liebe entscheiden und damit einen Verlust an Geld und Besitz in Kauf nehmen. Heutzutage ist es eher selten, dass sie wegen ihrer Partnerwahl enterbt werden. Aber sie gehen beispielsweise mit ihrer Partnerschaft Risiken ein, die ihr Leben schwierig machen. Vielleicht geben sie für die Liebe einen guten Job oder die geliebte Heimat auf. Das alte Muster kann sich aber auch durch die Hintertür, den scheinbaren Zufall, einschleichen – etwa, indem ein Partner arbeitslos oder krank wird, sobald sich die Beziehung gefestigt hat, und der andere Partner allein für ihren gemeinsamen Unterhalt sorgen muss.

Hat man sich jedoch für die materielle Sicherheit entschieden, fehlt oftmals das Gefühl der ganz großen Liebe. Eine gute Partnerschaft, ein faires Miteinander, ähnliche Interessen, gemeinsame Ziele – das alles ist durchaus da. Aber die große Liebe? Die sehen sie nur in Hollywoodfilmen. Oder eben bei den Menschen, die dafür ihre Sicherheiten aufgegeben haben. Hinzu kommt ein gewisser Argwohn, dass das Geld womöglich der treibende Faktor für die Wahl des Partners gewesen sein könnte. Denn wenn über Jahrhunderte hinweg gelernt wurde, dass das Geld entscheidend ist und eben nicht die Liebe, dann ist dies tief in der Seele verankert.

Das Muster »Geld oder Liebe« steckt also immer noch in sehr vielen Menschen. Gerade die sensiblen Wesen neigen dazu, für solche Muster besonders empfänglich zu sein. Die alten Gedankenstrukturen, die das Entweder-oder fördern, wirken besonders stark auf sie ein. Und da es meist ihr größtes Anliegen ist, die Liebe zu leben, bleibt das Geld zwangsläufig auf der Strecke.

Lassen Sie uns dazu einen Blick in die Sterne werfen. Die Astrologie ist eine alte Geisteswissenschaft. Hier werden sowohl Geld als auch Liebe dem Planeten Venus zugeordnet. Ist es Zufall, dass beide Begriffe in einem Planeten vereint sind? Sicherlich nicht. Die alten Astrologen waren sich nämlich durchaus bewusst, dass beides etwas mit Wert zu tun hat. Es gibt sowohl materielle als auch spirituelle Werte, und sogar der Selbstwert zählt in der klassischen Astrologie zu den Themen der Venus. Er ist sogar die heimliche und weit unterschätzte Grundlage dafür, dass die anderen Werte, das Geld und die Liebe, wachsen können. Man muss sich nicht für eine Seite der Venus entscheiden.

Denken Sie an die Physik. Da gibt es Teilchen und Wellen. Die Materie wird in Teilchen gemessen, die Energie in Wellen. Über Jahrhunderte hinweg gab es da eine klare Trennung. Die Physik des 20. Jahrhunderts jedoch stellte fest, dass Licht beides sein kann. Je nach Messmethode ist es mal Teilchen, mal Welle. Ungeheuerlich, nicht wahr? Es war lange unvorstellbar, aber es ist tatsächlich so.

Das Prinzip Venus kann auch beides: Es kann Teilchen sein und damit Materie, also Geld. Und es kann Welle sein und damit Energie, also Liebe. Vielleicht brauchte es eine neue Zeit, unsere Zeit, damit dies entdeckt werden konnte und nun endlich sein darf.

Nehmen Sie diese Erkenntnis zum Anlass, sich von dem alten und schädlichen Muster »Geld oder Liebe« zu verabschieden. Sie brauchen sich nicht zu entscheiden. Sagen Sie sich: »Ich lasse alle schädlichen und eingrenzenden Muster in Bezug auf Geld oder Liebe los.«

Kreieren Sie stattdessen einen neuen Glaubenssatz, einen für »Geld und Liebe«. Beides darf nun vereint sein. Ihr neuer Satz könnte lauten: »Ich lasse zu, dass Geld und Liebe in meinem Leben Platz haben.« Oder: »Ich lasse Geld und Liebe reichlich in mein Leben fließen.«

Freuen Sie sich auf beides. Auf das Geld und auf die Liebe.

Das Geld und die Chakren

Wie ist es aktuell in Ihrem Leben: Reicht Ihre materielle Versorgung aus? Strengt es Sie an, sich um Ihr Vermögen zu kümmern? Rinnt Ihnen Ihr Erspartes durch die Finger? Ermüdet es Sie, des Geldes wegen zu arbeiten? Als sensibles Wesen würden Sie vielleicht lieber meditieren, singen oder Freunde treffen. Das Geld und die damit verbundene Erwerbstätigkeit gehören zu den ungeliebten Bereichen in Ihrem Leben, was durchaus verständlich ist.

Das Gefühl, dass es nicht reicht, dass zu wenig da ist, dass Sie ständig Geld brauchen, kann ein Hinweis darauf sein, dass Ihre ersten drei Chakren blockiert sind. Allein das Gefühl, etwas zu brauchen, deutet darauf hin, dass Ihre Chakren nicht ausreichend mit Energie versorgt werden – und somit auch Ihnen Energie fehlt. Haben Sie sich schon mit Chakren beschäftigt? Egal, ob ja oder nein, es wird Ihnen gefallen. Mit Chakrenarbeit lässt sich nämlich vieles heilen – sogar ein belastetes Geldthema. Sie können ganz leicht lernen, wie das funktioniert. Tauchen Sie sich dazu in die leuchtende Welt der Chakren ein:

Chakren sind der indischen Überlieferung zufolge Energiezentren im Körper. Sie können sich die Chakren vorstellen wie farbenprächtige und sich drehende Blütenkelche, wie eine Art Energiewirbel. Für aurasichtige Menschen sind die Chakren eines gesunden Menschen herrlich anzusehen. Die Farben der Chakren sind dann klar und leuchtend.

Von den Chakren aus kann Energie in den Menschen hineinströmen und aus ihm herausfließen. Diverse Körperfunktionen werden von hier aus gesteuert. Vor allem aber haben die Chakren mit dem geistig-seelischen Zustand eines Menschen zu tun. Es gibt sieben Hauptchakren. Diese sind entlang der Wirbelsäule angeordnet. Sie reichen vom 1. Chakra, dem Wurzelchakra am Beckenboden, über das Sakralchakra, das Nabelchakra, das Herzchakra, das Halschakra und das Stirnchakra bis hin zum 7. Chakra, dem Scheitelchakra, das sich oben auf dem Kopf befindet.

Die unteren Chakren sind für unser Überleben zuständig. Wie Wurzeln verbinden sie uns mit der Erde. Über die mittleren Chakren kommunizieren wir mit anderen Menschen. Die oberen Chakren richten uns nach oben zur Geistigen Welt aus. Etwas Besonderes ist das Herzchakra, das sich genau in der Mitte befindet, auf der Höhe des Herzens. Hier verbinden sich die Kräfte des Himmels, die von oben kommen, mit den Kräften der Erde, die von unten kommen. Das Herzchakra ist das Zentrum des Menschen und das Zentrum der Liebe.

Wenn alle Chakren aktiv sind, kann die Liebe fließen, zu sich selbst, zu anderen Menschen, zu allen Wesen, zur Erde und zum Himmel – und zurück. Geben und Nehmen sind im Einklang. Solche Menschen sind frei im schönsten Sinne. Das heißt, sie sind nicht abhängig und nicht beeinflussbar. Sie haben gute Wurzeln. Sie haben einen guten Kontakt zu ihrer Umwelt. Und sie haben eine Anbindung nach oben.

Gibt es Störungen in den unteren Chakren, so wirkt sich dies als mangelndes Selbstbewusstsein aus, als fehlende Durchsetzungskraft und geringes Vertrauen, als Unfähigkeit, das Leben zu genießen. Die Grundbedürfnisse des Menschen werden nicht ausreichend befriedigt. Das Vertrauen darein, dass es zum Überleben reicht, ist erschüttert. Das Leben erscheint als Kampf. Das bleibt auch dann noch so, wenn der Mangel eigentlich gar nicht mehr so groß ist. Manche Menschen bleiben in diesem Bewusstsein verhaftet und richten ihren Fokus nur auf ihre Bedürftigkeit. Nun lässt sich natürlich leicht sagen, dann man nur den Fokus ändern müsse. Statt auf das zu schauen, was fehlt, solle man eben auf das schauen, was da ist. Das ist aber in der Umsetzung gar nicht so leicht. Vom Verstand her vielleicht, nicht aber von den Gefühlen.

Es ist kein Zufall, dass eben diese Welt der Gefühle, der Instinkte, des Unbewussten in den unteren Chakren zu Hause ist. Hier rein mit dem Willen eine Veränderung zu erzielen ist nicht möglich. Oft sind es uralte Muster, die sich in einer Persönlichkeit festgesetzt haben. Entstanden sein können diese Muster aufgrund von Erfahrungen, die man selbst in früheren Existenzen gemacht hat, die von den Ahnen übertragen wurden oder die im Gedächtnis der Gesellschaft gespeichert sind. Erfahrungen von Mangel können also von diversen Ebenen stammen und aus verschiedenen Richtungen kommen.

Wenn Armut und Not intensiv erlebt werden, setzt sich diese Erfahrung tief in der Seele fest. Die Angst ist da, sie noch einmal erleben zu müssen. Diese Angst kann, wenn sie nicht geheilt wird, fortbestehen – im weiteren Leben und sogar in späteren Generationen, in späteren Leben. Die Folge für die unteren Chakren ist: Sie sind blockiert.

Sich auf die Suche nach dem Auslöser zu machen wird nur manchmal funktionieren. Etwa, wenn es sich um etwas handelt, das greifbar ist, das quasi eben erst erlebt wurde. Doch alles, was seit Urzeiten gespeichert ist, lässt sich nicht aus dem großen Speicher hervorholen. Das heißt, möglich wäre es natürlich schon, mit viel Aufwand, Mühe und Aufarbeiten, doch das wiederum würde viel Lebenszeit in Anspruch nehmen. Aber ist es wirklich sinnvoll, sich jahrelang mit längst Vergangenem zu beschäftigen? Sagen uns die Weisen der Welt nicht immer und immer wieder, das Ziel sei es, ganz im Hier und Jetzt zu leben? Nicht in der Zukunft und eben auch nicht in der Vergangenheit?

Eine tief greifende und wirksame Möglichkeit, solche alten Blockaden zu lösen, ist, sich um den Aufbau der unteren drei Chakren zu kümmern, also um das Wurzelchakra, das Sakralchakra und das Nabelchakra.

Das unterste Chakra, das Wurzelchakra, stärkt den Lebenswillen und die Durchsetzungskraft. Es verleiht ein starkes Selbstwertgefühl. Das zweite Chakra, das Sakralchakra, steht für Sexualität und Schöpferkraft. Es macht sinnlich und lebensfroh. Und: Es ist am stärksten mit dem Geldthema verbunden. Das dritte Chakra, das Nabelchakra, schließlich gibt ein gutes Bauchgefühl, es macht unabhängig und klar.

Mit den oberen Chakren können Sie gerne später weitermachen. Doch gerade bei Ihnen als sensiblem Mensch sind diese sowieso meist offen. Eben deshalb sind Ihre Ahnungen und Eingebungen auch so intensiv. Die Verwurzelung aber, die die unteren Chakren schenken würden, die fehlt.

Um die unteren Chakren aufzubauen und zu aktivieren, versenken Sie sich in eine **Chakren-Meditation:**

Übung:

Stellen Sie sich Ihr Wurzelchakra vor, das am Beckenboden sitzt. Es sieht wie eine rote Lotosblüte aus, kraftvoll und schön. Dann schauen Sie auf das Sakralchakra, das unterhalb des Nabels sitzt. Dieses zeigt sich als orangefarbene Lotosblüte, die prachtvoll strahlt. Nehmen Sie nun auch Ihr Nabelchakra wahr, das am Solarplexus kurz oberhalb des Nabels sitzt und als eine strahlend gelbe Lotosblüte erscheint. Stellen Sie sich nun vor, wie Sie ganz entspannt in der Sonne sitzen. Ihr gesamter Bauchraum wird durch die wunderbaren Sonnenstrahlen ganz warm und weich. Es ist ein wohliges Gefühl, so von den Sonnenstrahlen gewärmt und erfüllt zu sein. Genießen Sie dieses Gefühl. Lassen Sie Ihre Chakren von der Wärme und dem Licht der Sonne reinigen. Nehmen Sie wahr, wie sich die Blütenblätter der Chakren der Sonne zuwenden und wie sie sich immer weiter öffnen. Spüren Sie, wie alte Blockaden, Belastungen und Ängste aus Ihnen herausfließen und sich auflösen.
Nehmen Sie wahr, wie sich Ihre Chakren immer schneller und kraftvoller drehen. Sehen Sie, wie sie noch mehr zu leuchten beginnen, in klarem Rot, in hellem Orange und in sonnigem Gelb. Und genießen Sie, wie sich Ihre Chakren jetzt mit einer neuen und frischen Energie füllen, mit Wärme und Licht.
Nehmen Sie wahr, wie herrlich Ihre Chakren jetzt leuchten. Bleiben Sie eine Weile bei diesem Bild. Wenn Sie möchten, lassen Sie nun auch Ihre oberen Chakren von der Sonne aufladen. Betrachten Sie das frische Grün des Herzchakras, das Hellblau des Halschakras, das tiefe Dunkelblau des Stirnchakras und das Violett des Scheitelchakras. Genießen Sie die satten, leuchtenden Farben, genießen Sie das Gefühl von Wärme, von Erfüllung, von Fülle und von Überfluss. Fühlen Sie die Geschenke des Lebens.

Wenn Sie satt und zufrieden sind, kehren Sie langsam wieder in Ihre Wirklichkeit zurück. Bewahren Sie in Ihrem Inneren das Bild Ihrer wundervollen Farben, fühlen Sie sich erfüllt und reich.

Tipp:
Tragen Sie orange Kleidung und Schmuck, wenn Sie sich bewusst mit Ihren Chakren und dem Thema Geld und Werte auseinandersetzen. Verwenden Sie in Ihrer Umgebung die Farbe Orange. Räuchern Sie mit Sandelholz. Essen Sie Orangen und Pfirsiche. Tanzen Sie. Singen Sie. Hören Sie fröhliche Musik. Lachen Sie viel. Gönnen Sie sich sinnliche Genüsse. Tun Sie das, was Ihre Lebensfreude anregt. Ihr Selbstwertgefühl und Ihre Kreativität werden aufblühen. Ganz nebenbei entspannt sich Ihr Verhältnis zu Geld und Materie.

Feng-Shui und die Magie des Geldes

Eine wunderbare Möglichkeit, um sich für Fülle und Reichtum zu öffnen, bietet auch die Lehre des Feng-Shui. Oft sind es nur Kleinigkeiten, die verändert werden müssen. Als sensibler Mensch werden Sie die feinen Nuancen der neuen Schwingungen intensiv wahrnehmen.

In China, dem Ursprungsland des Feng-Shui, gilt Geld keineswegs als verwerflich. Im Gegenteil, die Chinesen sind ein begeistertes Händlervolk. Der Handel hat dort eine alte Tradition, das Geldverdienen ist angesehen. Das können wir von den Chinesen und auch aus dem Feng-Shui lernen. Chinesische Geschäftsleute drücken ihren Wunsch nach Erfolg und guten Einnahmen ganz offen aus. Einen Laden aufzumachen und sich etwas anderes als Erfolg zu wünschen wäre in ihren Augen ziemlich merkwürdig. So sind die Eingänge der Läden besonders prachtvoll gestaltet. Sie sollen ausdrücken: Hier wohnt der Erfolg. An den Farben Rot und Gold wird nicht gespart, hinzu kommen kraftvolle Symbole wie Drachen oder Tiger. In der chinesischen Tradition sollen sie Böses fernhalten und Wohlstand und Glück anziehen.

In der chinesischen Lehre vom Feng-Shui ist sogar ein eigener Bereich für den Reichtum vorgesehen, in Ausdehnung und Rangordnung gleichgesetzt mit anderen Lebensbereichen wie Partnerschaft, Kinder, Erfolg oder auch Spiritualität. Er ist hier gleichwertig – nicht wichtiger, aber auch nicht unwichtiger als die anderen Bereiche.

Machen Sie sich keine Sorgen darüber, dass Sie dem materiellen Bereich Ihres Lebens nun so viel Aufmerksamkeit schenken. Im Gegenteil: Seien Sie froh darüber, dass Sie es endlich angehen. Geld ist für unser Leben wichtig. Wegen Geld arbeiten die meisten Menschen – sogar in Jobs, die sie gar nicht mögen. Wenn Sie als sensibler Mensch auch davon betroffen sind, sollten Sie sich bewusst sein, dass gerade dieser Zustand eine ungeheure Belastung darstellt. Mit einer gesicherten materiellen Basis wären Sie von Ihrem ungeliebten Job nicht mehr abhängig. Sie könnten das tun, was Ihren Anlagen entspricht. Trauen Sie es sich zu, dass Sie auch im Wohlstand den spirituellen Werten immer ausreichend Raum geben werden und dass Sie auch dann sensibel und einfühlsam bleiben.

Im Wohlstand zu leben bedeutet nicht, in einer Vielzahl von Waren unterzugehen, die uns die Werbewelt anpreist. Sie können selbst definieren, was für Sie Wohlstand und Reichtum bedeutet. Vielleicht ist es für Sie, dass Sie sich Reisen gönnen können. Oder dass sie mehr Platz haben. Oder dass Sie sich einen Garten anlegen können. Oder auch, dass Sie anderen etwas schenken können.

Wohlstand kann die Basis für Glück sein, zu dem Glück, sein wahres Wesen und seine wahren Werte endlich ausleben zu können.

Lassen Sie sich von den nachfolgenden Feng-Shui-Tipps inspirieren. Spüren Sie in sich hinein, welches der Symbole Sie am meisten anspricht. Ist es ein Gegenstand, eine Farbe, ein Merksatz? Wählen Sie das für sich aus, was in Ihnen das stärkste Gefühl auslöst. Übrigens, weil es hier ja um Fülle geht: Es können gerne auch mehrere Symbole sein.

Im Feng-Shui gibt es ein spezielles Ordnungssystem, das »Bagua« genannt wird. Das gesamte Leben wird in neun Bereiche eingeteilt. Diese Bereiche werden grafisch angeordnet und den Himmelsrichtungen zugeordnet. So lassen sich die geistigen Bereiche auf die räumlichen Verhältnisse übertragen.

In der Mitte ist als zentrales Thema die Gesundheit bzw. das innere Gleichgewicht zu finden. Um diese Mitte herum sind die übrigen acht Bereiche gleichberechtigt angeordnet. Diese sind: »Lebensweg und Karriere«, »Spiritualität und Wissen«, »Eltern und Ahnen«, »Reichtum und Segen«, »Anerkennung und Erfolg«, »Ehe und Partnerschaft«, »Kinder und Projekte« sowie »Hilfreiche Wesen«.

Dieses System basiert auf einem uralten Grundsatz, der auch in unserer westlichen Kultur tief verwurzelt ist: Das Innere und das Äußere sind miteinander verbunden. Wie oben, so unten, wie innen, so außen.

In der traditionellen Schule des Feng-Shui wird der Bereich »Reichtum und Segen« dem Südosten zugeordnet. Wobei die tatsächliche Himmelsrichtung nicht entscheidend ist, vor allem dann nicht, wenn die Bewohner wenig Bezug dazu haben. Insbesondere in städtischen Gegenden hat sich daher die neuere Methode bewährt, die Bagua-Bereiche dem Eingang des Hauses entsprechend zu platzieren. Demnach liegt »Reichtum und Segen« vom Eingang aus gesehen in der linken hinteren Ecke der Wohnung. Speziell also in dem Zimmer, das sich dort befindet. Genauso aber lässt sich »Reichtum und Segen« in jedem Zimmer finden, und zwar in der linken Ecke, die der jeweiligen Eingangstür schräg gegenüberliegt. Ebenso ist die linke hintere Ecke auf dem Schreibtisch die »Reichtum-und-Segen-Ecke«.

Normalerweise reicht es, sich um die Symbolik im Bereich »Reichtum und Segen« zu kümmern, wenn man die Einnahmen und die materielle Absicherung fördern möchte. Doch da gibt es noch einen Punkt. Geld bekommen und Geld ausgeben hat mit Geben und Nehmen zu tun. Können Sie geben? Und annehmen?

Bei den meisten sensiblen Menschen ist nicht das Geben das Problem, sondern die Unfähigkeit, etwas anzunehmen. Damit blockieren sie aber den Zugang zum Reichtum besonders stark, sie mauern ihn förmlich zu. So wird der Mangel immer größer. Das lässt sich nur vermeiden, wenn sie auf ein Gleichgewicht von Geben und Nehmen achten.

Um die Voraussetzungen dafür zu schaffen, sollten sie nicht nur den Bereich »Reichtum und Segen« aktivieren, sondern auch den gegenüberliegenden Bereich »Hilfreiche Wesen«. Diesem Bereich sind spirituelle Helfer wie Engel zugeordnet, aber auch Menschen, die einander beistehen. Mit einem aktiven »Hilfreiche Wesen«-Bereich können auch sensible Menschen lernen, Hilfe nicht nur zu leisten, sondern sie auch anzunehmen. Dieser Ausgleich wird ihnen beim Geben und Nehmen von materiellen Gütern von Nutzen sein. Geben und Nehmen kommen in Fluss.

Der Bereich »Hilfreiche Wesen« liegt von der Himmelsrichtung her dem Bereich »Reichtum und Segen« genau gegenüber, nämlich im Nordwesten. Vom Eingang aus gesehen ist der Bereich »Hilfreiche Wesen« gleich rechts neben dem Eingang zu finden.

Schauen Sie, was Sie an diesen beiden Plätzen vorfinden. Ist dort vielleicht ein Abstellraum? Vollgestopft mit unbrauchbarem Trödel? Da hilft nur eines: Aufräumen und putzen. Oder steht an der entsprechenden Stelle auf dem Schreibtisch ein zwar schöner, aber doch schwerer Stein, der den aktuellen Zustand festigt? Der kann nur dort liegen bleiben, wenn Sie mit Ihren Finanzen voll und ganz zufrieden sind und diese Situation erhalten möchten. Ansonsten ersetzen Sie ihn bitte durch eine gesunde Zimmerpflanze oder durch auflockernde Symbole wie zum Beispiel ein Mobile.

Um den Bereich »Hilfreiche Wesen« zu aktivieren, sind Zimmerpflanzen mit weißen Blüten gut geeignet. Mehrere kleine Töpfe derselben Sorte eignen sich besser als eine große Pflanze. Sie bilden eine Gemeinschaft und strahlen aus: Zusammen geht alles leichter, der eine unterstützt den anderen.

Noch direkter wirkt das Bild eines Engels. Auch eine Engelfigur aus Stein, Keramik oder Metall eignet sich wunderbar, um diesen Lebensbereich des Einander-Helfens anzuregen.

Noch ausgefeilter sollten Sie im Bereich »Reichtum und Segen« vorgehen. Sie können eine Methode auswählen oder auch hier diverse Symbole wirken lassen. Sehen Sie selbst:

- Stapeln Sie Münzen, die von verschiedenen Urlaubsreisen übrig geblieben sind, zu einem Turm auf Ihrem Schreibtisch. Lassen Sie sie mehr werden, das heißt, legen Sie wöchentlich ein paar dazu, erhöhen Sie den Turm, bzw. bauen Sie einen zweiten dazu.

- Legen Sie goldfarbene Kugeln in eine Schale. Erhalten Sie deren Glanz durch häufiges Polieren.

- Installieren Sie eine Leuchte. Licht und Helligkeit lassen den Lebensbereich erstrahlen und schenken ihm eine größere Bedeutung. Der Bereich »Reichtum und Segen« wird ins Licht gerückt, ins Zentrum Ihrer Aufmerksamkeit.

- Stellen Sie eine Figur auf, die für Sie Reichtum und Wohlstand symbolisiert. In der chinesischen Mythologie wäre das zum Beispiel ein dreibeiniger Geldfrosch, ein Reichtums-Buddha oder eine Schale mit Münzen und Edelsteinen. Schutz und Glück schenkt eine Schildkrötenfigur – zum Beispiel eine Edelsteinschildkröte.

- Hängen Sie ein Mobile auf, gerne eines mit Münzen. Ein Mobile bringt sehr schnell etwas in Bewegung. Sie müssen jedoch hier darauf achten, dass Ihre Finanzen dadurch nicht instabil werden. Sobald also eine Veränderung zum Positiven hin eingetreten ist, sollten Sie das Mobile durch etwas ersetzen, das Ruhe und Beständigkeit symbolisiert.

- Stellen Sie ein großes Aquarium mit Goldfischen auf. Oder: Stellen Sie einen Zimmerbrunnen auf. Ein Brunnen ist das klassische Feng-Shui-Hilfsmittel überhaupt, altbewährt und stark in der Wirkung. Im Chinesischen sind die Worte für »Wasser« und »Geld« sehr ähnlich. Das ist aber nur ein Grund, warum Wasser als überaus geeignet gilt, um den Geldfluss anzuregen. Was auch die Menschen, die der chinesischen Sprache nicht mächtig sind, gut nachvollziehen können, ist der Aspekt des »In-Fluss-Bleibens«. Wasser sollte bewegt werden, denn lässt man es stehen, wird es brackig. Genauso sollte das Geld ständig im Kreislauf sein, im Wechsel von Geben und Nehmen. Am wirkungsvollsten ist es, wenn der Brunnen lustig plätschert oder es sich gar um einen kleinen Springbrunnen handelt. Eine Schale mit stehendem Wasser ist eher ungeeignet. Wenn es aber nicht anders geht, muss das Wasser dann zumindest täglich gewechselt werden, damit es immer frisch ist.

- Reagieren Sie stark auf optische Reize, dann hängen Sie ein Bild an die Wand, das Fülle ausstrahlt. Wer es direkt mag, nimmt tatsächlich ein Foto von Banknoten. Chinesen würden ein Wasserfallbild wählen – eben weil Wasser und Geld für sie zusammenhängen. An diese starke Symbolik des Ostens können Sie ohne Weiteres andocken. Sie können aber auch ein anderes Motiv wählen. Das kann ein Füllhorn sein, eine Villa im Park oder auch eine Koppel mit Pferden. Wichtig ist nur, dass das Bild für Sie persönlich eine angenehme Energie von Reichtum und Fülle ausstrahlt.

Weitere Feng-Shui-Tipps, um Wohlstand und Segen zu fördern, sind:

- Heften Sie Ihre Bankbelege in einem roten oder orangefarbenen Ordner ab.

- Benutzen Sie einen roten oder orangefarbenen Geldbeutel. Rot und Orange sind im Feng-Shui die Farben des Geldes. Durch sie soll der Geldfluss angeregt werden.

- Tun Sie drei chinesische Glücksmünzen in Ihren Geldbeutel. Diese Münzen haben in der Mitte ein quadratisches Loch, fassen Sie sie hier mit einem roten Bändchen zusammen.

- Gönnen Sie sich und Ihrem Zuhause immer wieder einmal eine Wohlstandsräucherung. Es gibt im Handel spezielle Feng-Shui-Räucherstäbchen für Wohlstand und Reichtum zu kaufen. Andere, teils auch westliche Traditionen bevorzugen Wohlstandsräucherungen mit Zedernholz, Eichenrinde, Melisse oder Gewürznelken.

Mangelbewusstsein erkennen und überwinden

»Ist genug für alle da?« Diese Frage stellen sich viele Menschen. Manche aus Angst um ihr Hab und Gut. Die sensiblen und weitsichtigen Menschen hingegen, weil sie intuitiv wahrnehmen, dass die Güter ungleich verteilt sind. Vor allem die Antwort der ängstlichen unter ihnen zeugt von großen Unsicherheit: »Es mag ja für die reichen, die sich durch Gewalt hervortun, die Ellenbogen einsetzen und über Leichen gehen. Aber für sensible, weiche, gefühlvolle Menschen? Wohl kaum. Die werden untergehen. Wir werden untergehen. Ich werde untergehen.«

Kennen Sie solche Gedanken? Vielleicht ansatzweise? Das Gefühl, dass das, was da ist, nicht für alle reicht, ist weit verbreitet. Die ganze Welt scheint von einer unersättlichen Gier auf der einen und von einer großen Angst auf der anderen Seite erfüllt zu sein. Das betrifft nicht nur die Millionäre und die Slumbewohner. Auch Menschen, die weder besonders reich noch besonders arm sind, geraten immer häufiger in den Strudel von Gier und Mangeldenken. Ständig befinden sie sich in dem Bewusstsein, dass insgesamt zu wenig da ist.

Ein unendlich schädliches Muster liegt dem zugrunde – das Mangelbewusstsein. Es liegt auf unserem Wirtschaftssystem wie ein dunkler Schatten. Möglicherweise ist es sogar der Motor dieses Systems. Denn wenn die Angst, dass es nicht für alle reicht, ständig genährt wird, sind die Menschen lenkbar. Sie verhalten sich ängstlich und gierig, produzieren immer mehr, wollen immer mehr. Doch nur einige wenige können den Gewinn abschöpfen.

Wer anderen nichts gönnt und denkt, es sei sowieso nicht genug für alle da, entwickelt Gier und verankert so das Mangelbewusstsein in sich. Wer ständig darauf schielt, was andere haben, würdigt nicht das, was er selbst hat, und läuft dadurch Gefahr, es zu verlieren. Unser gesellschaftliches System basiert auf dem Gefühl, es sei zu wenig da. Diese gefährliche Haltung wird immer weiterverbreitet. Das Bewusstsein für den Mangel sitzt tief und fest.

Doch nur weil unsere Welt im Moment so funktioniert, dass einige Menschen sehr viel haben und andere darben, heißt das nicht, dass grundsätzlich nicht genug für alle da wäre. Schauen wir in die Texte der Weisen der Welt, erkennen wir, dass unsere Welt ein Paradies der Fülle sein könnte. Die Welt ist durchaus so geschaffen, dass jeder genug bekommen könnte – zumindest das, was er braucht. Wenn wir dann noch anfangen würden zu teilen, statt zu horten, würde es sowieso für alle reichen. Das wissen auch alle, die Liebe teilen.

Aber das Mangelbewusstsein ist nun einmal hartnäckig in unseren Köpfen verankert und daher schwer zu eliminieren. Sich klar zu werden über das, was man wirklich braucht, ist allerdings nicht gerade leicht. Gerade für uns Mitteleuropäer, die wir in einer Welt der Warenfülle leben. Alles ist im Überfluss vorhanden. Selbst wenn wir schon vieles haben, werden immer neue Bedürfnisse geweckt.

Das eigentlich Gefährliche daran ist: Die Dinge bleiben nicht Dinge. An sie werden Inhalte geknüpft. »Kaufen Sie dies, und Sie sind jemand.« – »Kaufen Sie jenes, und Sie werden geachtet.« – »Kaufen Sie das, und Sie sind etwas Besonderes.« Es wird suggeriert, dass mit dem Besitz eines teuren Autos oder des neusten Mobiltelefons der Eigenwert steigt und das Ansehen in der Gesellschaft zunimmt. Was für ein Irrtum!

Die sensiblen Menschen, die diese Zusammenhänge erkannt haben, befinden sich aber oft in einer Art Lähmung. Sie sehen das Übel – und bald nichts anderes mehr. Sie fühlen sich wie das sprichwörtliche Kaninchen vor der Schlange. Ständig denken sie daran, so häufig, dass sie schließlich handlungsunfähig werden. Sie sind voller Wut über die Ungerechtigkeit. Die Angst, dass es vielleicht doch nicht für alle reichen könnte, schwirrt zusätzlich durch ihren Kopf.

Negative Gefühle sind aber keine Lösung. Angst hemmt die Lebensfreude und lähmt die Lust auf Aktivitäten. In der Biologie spricht man von »Schreckstarre«, wenn ein Tier angesichts einer immensen Bedrohung wie festgewurzelt stehen bleibt und weder die Energie zur Flucht noch zur Verteidigung hat. Es sieht keinen Ausweg – und erstarrt. Solch eine Erstarrung tritt auch bei vielen Menschen ein, wenn sie mit großen, scheinbar unlösbaren Herausforderungen konfrontiert werden. Wenn diese Erstarrung über längere Zeit anhält, führt das nur noch tiefer in die Krise. Die gesamte Lebensenergie wird von der Angst aufgefressen. Was hier fehlt, ist die Hoffnung, das Licht. Das gilt es wiederzufinden.

Wem nützt es, dass sich selbst Menschen in einem reichen Land arm fühlen oder Angst haben, arm zu werden? Wer hat davon einen Vorteil? Die wenigen, welche die Macht in den Händen halten und die daran interessiert sind, dass das derzeitige System aufrechterhalten wird. Was aber bewirkt dieses Gefühl von Mangel bei den anderen? Ja, genau: Sie werden lenkbar, beeinflussbar. Aus dem Gefühl der Angst heraus verlieren sie an Kraft, an Selbstvertrauen. Sie werden matt und müde. Sich selbst nicht zu vertrauen und sich schwach zu fühlen ist aber der Anfang der Abwärtsspirale.

Machen Sie da nicht mit, klinken Sie sich aus! Steuern Sie Ihr Boot in eine andere Richtung. Bleiben Sie nicht länger dem Dunkel verhaftet, den düsteren Gedanken, den schwermütigen Gefühlen. Wenden Sie sich den leuchtenden Zielen zu, verfolgen Sie sie hartnäckig, sehen Sie die Welt wieder positiv, was auch geschehen mag.

Übung »Nebelfeld auflösen«:

Übung:

Tragen Sie mit dazu bei, das Energiefeld des Mangelbewusstseins aufzulösen. Sie können es sich wie eine Art Nebelfeld vorstellen, das durch die Lande wabert. Es kann überall dort »andocken«, wo es Menschen gibt, mit denen es in Resonanz gehen, von deren Ängsten und Sorgen es sich nähren kann. Trifft es jedoch auf Menschen, die lachen und mit Vertrauen und Mut ihr Leben angehen, löst es sich auf wie Nebel in der Sonne. Erinnern Sie sich daran, wenn Sie wieder einmal von Ängsten und Sorgen überschwemmt werden. Sie brauchen sich diesem düsteren Feld nicht auszuliefern, müssen es nicht mit Ihrer wertvollen Energie nähren. Lassen Sie sich selbst strahlen wie die Sonne, stärken Sie das Licht in sich. So sind Sie geschützt, und das Feld des Mangelbewusstseins löst sich in Ihrer Umgebung auf.

Der Luxus des Einfachen

Wahrer Luxus hat nicht zwangsläufig etwas mit unermesslichen Reichtümern zu tun. Jeder Mensch, der sich seine Grundbedürfnisse wie Wärme, Witterungsschutz und Nahrung befriedigen kann, hat auch die Möglichkeit, sich Luxus zu leisten. Wie das ohne Lottogewinn, ohne Erbtante, ohne Bankraub geht? Es hat mit Lebenskunst zu tun – und mit der richtigen Einstellung.

Reichtum und Luxus müssen nicht gleichbedeutend mit dem Besitz von viel Geld sein. Das wissen Sie als sensibler und spirituell orientierter Mensch besser als alle anderen. Ihnen ist klar, dass Reichtum nicht auf ein gut gefülltes Konto und den Besitz wertvollen Schmucks sowie erlesener und teurer Güter beschränkt ist. Reichtum und Luxus lassen sich auch ganz woanders finden: in persönlichen Beziehungen, in Naturerlebnissen und – in Zeit. Liebe Menschen um sich zu haben und mit ihnen gemeinsam zu lachen ist etwas Wunderbares und löst ein herrliches Glücksgefühl aus. Ein Morgenspaziergang in kühler Herbstluft kann einem normalen Alltag einen unvergesslichen Zauber verleihen. Zeit zu haben zum Denken, zum Schauen, zum Lauschen, zum Meditieren ist etwas Besonderes, das tiefe Zufriedenheit schenkt. Als sensibler Mensch kennen Sie diese Arten von Luxus sicherlich sehr gut. Und doch kann es sein, dass auch bei Ihnen dieses Wissen in Vergessenheit geraten ist, insbesondere, wenn Sie Zeiten materiellen Mangels durchleben oder durchlebt haben.

Wer reichlich Geld zur Verfügung hat, kann wählen, ob er üppig oder einfach leben möchte. Aber selbst wenn man reich ist, ist es nicht genug, einfach nur viele Dinge zu besitzen. Man muss sie auch zu schätzen und zu genießen verstehen. Sollten Sie diese Wahl zwischen einem einfachen und einem üppigen Leben derzeit nicht haben, können Sie sich dennoch dafür entscheiden, das zu schätzen, was Sie haben, statt traurig auf das blicken, was Sie sich gerade nicht leisten können. Vergessen Sie nicht, dass kein Zustand für immer anhält. Lassen Sie Veränderungen zu, glauben Sie an eine Verbesserung.

Auf welcher Ebene Sie sich auch befinden, achten Sie darauf, sich nicht zu bewerten. Urteilen Sie nicht über sich und auch nicht über andere. Und nicht einmal über die, die tatsächlich für Ihre Krise verantwortlich sind. Sagen Sie sich nicht: »Wie dumm ich war, wie unfair die anderen sind, wie ungnädig das Schicksal ist …«. Das ist reines Lamentieren und hilft Ihnen keinen Deut weiter. Es reicht, sachlich festzustellen, was ist. Nur die Tatsachen. Das schafft Ruhe im Kopf und in der Seele. Mit dieser inneren Ruhe überlegen Sie sich nun Strategien, wie Sie mit Ihrer persönlichen Krise umgehen können.

Denn, das dürfen Sie nicht vergessen: Kein Thema ist neu auf der Welt. Es ist höchstens für Sie selbst neu, aber irgendjemand hat schon einmal etwas Ähnliches erlebt und durchgemacht und hat es überstanden. Also gibt es auch für Sie einen Weg aus der Krise heraus. Sie können sich anschauen, wie andere damit umgegangen sind. Auch wieder, ohne diejenigen zu bewerten oder gar zu verurteilen. Und dann wägen Sie ab: Wäre deren Lösungsweg auf Ihr Leben übertragbar? Was müsste abgeändert werden? Schmettern Sie nicht jeden Gedanken, der aufblitzt, mit Einwänden ab: »Ach, das funktioniert ja doch nicht, weil …« Spielen Sie die Ideen bis zum Ende durch, spielen Sie mit Ihren Einfällen. Sie können sich dabei auch durchaus von Freunden und Beratern unterstützen lassen.

Sie können zum Beispiel mit dem Sortieren der Aufgaben beginnen. Legen Sie dazu eine Liste mit den nächsten Schritten an, und finden Sie eine sinnvolle Reihenfolge. Nehmen Sie sich ein Thema nach dem anderen vor. Wenn Ihr Leben gerade schon so kompliziert ist, dann machen Sie es nicht noch unübersichtlicher, indem Sie an allen Ecken und Enden ein bisschen anfangen.

Stellen Sie sich vor, Sie sitzen vor einem Durcheinander von Bändern und sollen dieses entwirren. Da nützt es erfahrungsgemäß nichts, an mehreren Stellen gleichzeitig zu zupfen und zu zerren. Dadurch würde die Verstrickung nur noch größer. Besser ist es, Sie nehmen ein einziges Band in die Hand und lösen dieses aus dem Knäuel heraus. Dann das nächste und das nächste. Ganz in Ruhe.

Sind zu viele Baustellen offen, herrscht in beinahe jedem Lebensbereich Handlungsbedarf, dann gehen Sie Schritt für Schritt vor, genau wie beim Sortieren der Bänder.

Gerade in schwierigen Zeiten gilt: Gestalten Sie Ihr Leben so einfach und überschaubar wie nur möglich.

Sind es vor allem finanzielle Sorgen, die Sie belasten, dann ist es vielleicht notwendig, dass Sie sich von manchen Dingen trennen und auf andere verzichten. Werden Sie ruhig praktisch in Ihren Ideen. Vielleicht ist ein günstigeres Auto sinnvoll, ein neuer Telefonanbieter oder eine kleinere Wohnung. Möglichkeiten gibt es viele. Gehen Sie diese Themen sehr vernünftig an. Sparen kann Spaß machen, genauso wie Geldausgeben. Das ist wie beim Geben und Nehmen – beides soll Freude machen, keines davon ist eine Strafe.

Lassen Sie sich von niemandem dazu bringen, jeden Modetrend mitzumachen, vor allem, wenn Sie es sich eigentlich nicht leisten können und Sie sowieso nur einkaufen, um Ihr

Selbstwertgefühl zu heben. Werden Sie unabhängig. Erspüren und entdecken Sie Ihre wahren Bedürfnisse, meistens sind es wenige und erfüllbare.

Erinnern Sie sich: Glück und Geld sind zwei Paar Stiefel. Das heißt: Auf Glück und Freude brauchen Sie nicht zu verzichten, auch nicht in einer materiellen Krise. Und selbst Luxus können Sie sich gönnen – den Luxus des Einfachen, das Glück des Einfachen. Das ist kein Trostpreis, sondern etwas sehr Wertvolles. Genau das ist übrigens auch ein Ausweg für Menschen, die an einem Zuviel an Dingen zu ersticken drohen. Sie können durch die Erfahrung der Einfachheit genesen.

Erlauben Sie es Ihren Ängsten nicht, dass sie Ihr gesamtes Leben bestimmen. Wenden Sie sich bewusst anderen Bereichen zu. Finden Sie Dinge, die Ihnen Freude bereiten. Das dürften eine Menge sein. Denn selbst bei bitterem Mangel, bei Kälte, Einsamkeit und Not, bei Arbeitslosigkeit, Verletzung und Trauer gibt es im Leben immer auch etwas Schönes, etwas Wertvolles, etwas, was uns am Leben hält. Werden Sie zum Lebenskünstler.

Wenn Ihnen der große Wurf gerade nicht gelingen will, dann suchen Sie bewusst das kleine Glück. Geld hat nur manchmal etwas damit zu tun, die Natur hingegen immer. Als sensibles Wesen sind Sie dafür offen. Sich der Natur zu öffnen wird Ihnen leichtfallen. Eine Blumenwiese oder einen Sonnenaufgang zu genießen, und sei es als inneres Bild in der Meditation, ist niemandem verwehrt. Liebe, menschliche Wärme und auch die Zuneigung von Tieren zählen zu den unschätzbaren Gütern, die sich nicht kaufen lassen. Erkennen Sie, was Sie haben, und erfreuen Sie sich daran. Wenn Sie es sich nicht zutrauen, diese positive Einstellung umgeben von den vielen

Negativmeldungen beibehalten zu können, dann suchen Sie sich Gleichgesinnte. Alleine ist schließlich vieles schwerer, was in der Gemeinschaft dagegen gut gelingt. Zum gemeinsamen Klagen und Jammern lassen sich doch auch Leute finden, warum nicht zum Aufbau des Lebens? Fördern Sie sich gegenseitig. Und stecken Sie einander mit diesem Schwung an.

Wenn Ihre aktuelle Situation so aussieht, dass Sie zwar nicht unter Armut leiden, aber auch nicht wirklich reich sind, lohnt es sich dennoch, ein wenig über Einfachheit und Überschaubarkeit nachzudenken. Die meisten Menschen in Mitteleuropa leiden sowieso eher an einem Zuviel an Dingen als an einem Zuwenig. Gerade sensible Menschen sollten sich gut überlegen, womit sie sich umgeben. Jeder Gegenstand hat seine eigene Schwingung und seine besondere Ausstrahlung. Besteht zwischen den Gegenständen keine Harmonie, empfinden sensible Wesen dies als belastend. Sie spüren das Wirrwarr an Energien überdeutlich. Materielles empfinden sie von Haus aus als schwer. Sie nehmen die Festigkeit der Dinge als bedrückend wahr. Und dennoch sind auch die Wohnungen von den meisten sensiblen Menschen zu vollgestellt. Zugemüllt könnte man in manchen Fällen schon sagen.

Nun wissen Sie natürlich sehr gut, dass Qualität etwas anderes ist als Quantität. Und wenn etwas zu viel ist, ist es eben zu viel. Dann hilft nur eines: Ausmisten.

Trennen Sie sich von Dingen. Sortieren Sie gründlich aus. Nehmen Sie sich ein Zimmer nach dem anderen vor, jeden Schrank, jedes Regal, jede Truhe. Reduzieren Sie den Krimskrams in Ihrer Umgebung. Entscheiden Sie sich, nur Sachen zu behalten, die Ihnen wirklich lieb sind. Vielleicht können Sie manches noch verkaufen, anderes verschenken. Sortieren

Sie auch Kleidung aus, die Sie nicht mehr tragen. Schauen Sie, was an den Wänden hängt – auch hier kann es von allem zu viel sein. Machen Sie beim Essen dasselbe, und wählen Sie für Ihre Gerichte ganz bewusst nur einige wenige Zutaten aus.

Lassen Sie Ihr Leben überschaubarer werden, leichter, einfacher.

Lernen Sie, das Einfache zu lieben. Nur so können Sie zum Kern vordringen und die Essenz erkennen.

Das Wesentliche wird sichtbar. Und das tut gut. Sie werden Schritt für Schritt ein echter Lebenskünstler, der aus ganz Wenigem etwas Wunderbares zu machen versteht.

Wenn Sie für Klarheit eintreten, wenn Sie bewusst Ihr Augenmerk auf das Einfache und Unverfälschte lenken, wird Ihr ganzes Leben überschaubar und einfach. Wenn Sie sich immer wieder auf das Wesentliche konzentrieren, werden Sie schließlich auch wieder Fülle und Überfluss erschaffen und annehmen können.

Erkennen Sie, dass uns die Natur mit ihren Jahreszeiten den Wandel von der Reduzierung zur Fülle vormacht. Die Reduzierung auf Weniges in der Winterzeit lässt die verschwenderische Blütenpracht im Frühling umso deutlicher zur Wirkung kommen. Der Frühling gibt uns mit seiner eindrucksvollen Aufbruchsstimmung eine neue Richtung vor, jedes Jahr wieder. Die Tage sind länger als die Nächte, das Licht überstrahlt die Dunkelheit. Lassen Sie das Licht in Ihr Bewusstsein einkehren. Die dunklen Einflüsse verlieren dadurch an Macht. Machen Sie sich bewusst, dass nach einer Phase der Reduzierung und Einfachheit alles wieder üppiger werden darf. Die Zeit des Aufblühens kann beginnen.

Machen Sie dazu eine **Frühlingsmeditation** (egal, welche Jahreszeit gerade herrscht):

Übung:

Setzen Sie sich bequem hin, und atmen Sie tief. Werden Sie innerlich ruhig und friedlich. Lassen Sie aufkommende Gedanken wie Wolken am Himmel vorüberziehen. Visualisieren Sie nun eine lichtvolle Landschaft. Stellen Sie sich die Natur in ihrer Aufbruchstimmung im Frühling vor. Die Natur ist voller Kraft, voller Energie. Sehen Sie sich, wie Sie mit Begeisterung über eine Wiese mit hellgelben Schlüsselblumen laufen. Es ist warm, die Sonne scheint, die Vögel zwitschern. Sehen Sie, wie immer mehr Blumen aufblühen, wie sie sich im Wind wiegen. Sehen Sie sich auch selbst aufblühen. Lassen Sie sich anstecken von diesem unbändigen Wachstum und der Frühlingskraft der Natur. Lassen Sie Ihre Entdeckerfreude wachsen. Erlauben Sie sich Vielfalt und Fülle. Spüren Sie, wie die Freude Sie durchströmt. Lassen Sie sich viel Zeit, um diese inneren Bilder zu genießen.

Gehen Sie dann wieder mit Ihrer Aufmerksamkeit in Ihre Wirklichkeit zurück. Aber nehmen Sie die frühlingshafte Freude und die Bilder von Vielfalt und Fülle mit in Ihren Alltag. Damit können Sie Erstarrungen lösen und alles lichter und leichter machen.

Vertrauen üben

Aktuell gewinnt man immer mehr den Eindruck, dass die Probleme zunehmen. Im eigenen Leben, im eigenen Land, auf der ganzen Welt. Selbst Menschen, die eigentlich in sich gefestigt sind, neigen gegenwärtig dazu, ins Wanken zu geraten. Insbesondere Verlust- und Existenzängste machen sich breit. Die Ersparnisse verloren, der Arbeitsplatz gefährdet, die Sicherheit bedroht, und es geht weiter abwärts – Szenarien von Zusammenbrüchen und Pleiten spielen sich zunehmend in den Köpfen der Menschen ab. Die Zukunft wird sich häufig in düsteren Farben ausgemalt. Vielen Menschen scheint auch die Zukunft ihrer Kinder aussichtslos zu sein.

Gründe, Angst vor der Zukunft oder vor Verlusten zu haben, gibt es natürlich, sei es im privaten, sei es im globalen Maßstab. Wer sich Gedanken über die Entwicklungen in der Welt macht – und das tun sensible Menschen besonders häufig –, kommt immer wieder an einen bestimmten Punkt: »So kann es nicht weitergehen. Das läuft auf einen Zusammenbruch hinaus.« Sicher bot das Weltgeschehen auch schon früher Anlass zur Sorge, allerdings wurde man damals noch nicht so umfassend darüber informiert wie heute. So viel davon zu wissen und sich dem Geschehen ausgeliefert zu fühlen ist nicht einfach. Es kann Angst einflößen.

Man kann sich diese Ängste wie eine Art Energiefeld vorstellen, das die Erde umgibt und mal hier und mal dort an Dichte gewinnt. Wie es so ist mit Energiefeldern, werden sie dann stärker, wenn sie Resonanz finden und genährt werden. Das heißt, jeder Funke Angst nährt dieses Feld, jeder Funke Vertrauen entzieht ihm Kraft. Aber von Letzterem gibt es noch zu wenig. Die Felder von Druck, Zerstörung und Angst sind groß und machtvoll. Das ist es, was das Unterbewusstsein wahrnimmt.

So gibt es immer mehr Menschen, die sich ständig Sorgen um ihre Existenz machen. Als sensibles Wesen sind Sie davon am stärksten betroffen, denn Sie spüren jedes angsterfüllte Zittern im weiten Umkreis. Sie leben nicht einfach drauflos, sondern ahnen und spüren, was alles passieren könnte. Meist sind Sie sich dessen bewusst, dass Ihnen diese Haltung keinen Deut weiterhilft. Sich aber einzureden, dass schon nichts passieren wird, während Sie innerlich von Angst erfüllt sind, kann auch nicht gut gehen. Das ist, als würden Sie die Panik in eine dunkle Ecke stellen– sie ist damit nicht verschwunden, sondern wird im Verborgenen nur noch größer.

Haben Sie erst einmal damit begonnen, sich arm und bedroht zu fühlen, wird das Ganze noch schlimmer. Daraus entsteht Panik – und die schwächt Sie noch weiter und gibt Ihnen das gehetzte und trübe Gefühl: »Was ich habe, wird nicht reichen.«

Lassen Sie sich von den Existenzängsten anderer nicht anstecken. Denken Sie an den alten Grundsatz: Die Energie geht dahin, wohin man das Hauptaugenmerk richtet. Wenn Sie auf die Bedrohung fixiert sind, dann verstärkt sich die Bedrohung. Wenn Sie voller Angst auf den Mangel blicken, verstärkt sich der Mangel. Wäre es jedoch die Fülle, auf die Sie schauen, könnte diese wieder an Kraft gewinnen. Klinken Sie sich aus dem Energiefeld der Verlust- und Existenzängste aus. Nehmen Sie stattdessen das wahr, was da ist und was Ihnen weiterhin zur Verfügung steht.

Ein guter Anfang ist, dem Unterbewusstsein dankbar zu sein. Als sensibler Mensch können Sie zum Beispiel für Ihre Feinfühligkeit danken. Diese versetzt Sie in die Lage, mit feinsten Antennen wahrzunehmen, was an Gefahren in der Luft liegt. Statt sich den Ängsten zu ergeben, sollten Sie sich nun aber damit auseinandersetzen. Sie sollten sich auch stets bewusst sein, dass eine drohende Gefahr nicht zwangsweise akut werden muss.

Es ist also keine Lösung, den Absturz für unausweichlich zu halten. Gegen eine globale Krise kann man als Einzelner nicht viel ausrichten. Wenn aber jeder Einzelne sich nicht länger von der Angst lähmen lässt, dann kann jeder für sich und dann können wir gemeinsam das drohende Schicksal durchaus abwenden.

Eine Erneuerung von Grund auf ist nötig, und zwar in allen Lebensbereichen. Magie, Zwänge und Glaubensmuster, auch solche aus uralten Zeiten, werden hinterfragt beziehungsweise verändert. Überall auf der Welt wird der Ruf nach Freiheit, Veränderung und Reformen lauter. Zuweilen scheint alles instabil und im Umsturz zu sein. In all dem Chaos wird aber eine Kraft fühlbar – die Kraft, tief sitzende Ängste und überholte Glaubensmuster zu erkennen. Daraus ergibt sich eine besondere Aufgabe, vielleicht die wichtigste Aufgabe, die uns unsere Zeit stellt: die zerstörerischen Muster im Energiefeld aufzulösen. Jeder für sich und Gleichgesinnte miteinander.

Lassen Sie es zu Ihrem Anliegen werden, Ängste aller Art aufzuspüren und zu überwinden. Denn jede Art von Angst zermürbt und macht klein. Die große Gefahr bei allen Ängsten ist nicht, dass sie eintreffen, sondern, dass sie übergroß werden und zu viel Raum beanspruchen. Das Denken wird davon vereinnahmt, die Gefühle erstarren. Alle Handlungen sind nur noch auf Absicherung sowie auf Vermeidung von Unglück ausgerichtet. Der Grund, warum man etwas tut, sollte aber der sein, dass man Freude daran hat. Denn nur die Freude am Leben macht stark. Dann braucht man auch keine Angst mehr zu haben. Probleme werden auch dann auftauchen, aber sie lassen sich viel leichter lösen.

In früheren Jahrhunderten war der Winter der ultimative Angstmacher. Heutzutage stellt der Winter für uns kein Problem mehr dar. Daher können Sie mit ihm üben. Schauen Sie sich also am Beispiel des Winters den Sinn und die Überwindung der Angst an.

Früher war der Winter zu Recht eine von den Menschen gefürchtete Jahreszeit. Brachen Kälte und Schnee über sie herein, ohne dass Sie entsprechende Vorbereitungen getroffen hatten, erging es ihnen schlecht. Sie froren und hungerten. Das Nein der Natur zum Leben ist im Winter allgegenwärtig. Der Winter ist in höchstem Maße lebensfeindlich.

Auch wenn der Winter unser Leben heutzutage nicht mehr derart bedroht, wirkt in uns immer noch ein Quäntchen dieser Angst, die uns durch unsere Ahnen über Jahrtausende hinweg überliefert wurde.

Die Überlieferung bringt aber noch etwas anderes mit sich, nämlich die Erfahrung, wie damit umzugehen ist. Wenn wir wissen, dass der Winter kommt, können wir entsprechend vorsorgen. Wir können Vorräte anlegen, das Dach reparieren, Heizmaterial und warme Kleidung besorgen. Das ist eine ganze Menge. Schon wird die Kälte erträglicher – und vielleicht wird es sogar ganz gemütlich.

Früher war der Winter eine Zeit der Ruhe, der Besinnung, des Aufräumens, des Ordnens. Und heute? Wir können diese Zeit ähnlich nutzen, denn viele der Aktivitäten, die der Sommer mit sich bringt, ruhen im Winter. Auch wir können uns im Winter mehr Zeit für uns nehmen. Wir können Ordnung in unserer Wohnung und in unserem Leben allgemein schaffen. Was nicht mehr passt, lassen wir los, was gut und fundiert ist, darf bleiben. Wir haben mehr Zeit, uns mit dem »Innen« zu beschäftigen, mit dem eigenen Zuhause, mit der Familie, mit uns selbst. Die Jahreszeit der Abgeschiedenheit schenkt uns Muße zum Lesen und Studieren. Die Ruhe tut einfach nur gut. Der Winter wird dadurch schön.

Menschen, die gut geerdet sind und gleichzeitig einen guten Draht zur himmlischen Welt haben, leiden weniger unter Ängsten. Zu vertrauen fällt ihnen leichter, sie fühlen sich sicher und geborgen. Bei vielen Menschen aber ist der Kontakt zur Erde und zum Himmel verloren gegangen. Gerade sensible Menschen stellen vieles infrage. Weder die Erdung noch die Verbindung nach oben sind für sie selbstverständlich. Sie müssen an beidem bewusst arbeiten.

Es ist wichtig, dass wir beides wieder lernen: uns mit der Erde zu verwurzeln und uns mit der Geistigen Welt zu verbinden. Was in früheren Zeiten selbstverständlich war, braucht heute viel Aufmerksamkeit. Das nötige Bewusstsein dafür ist bereits da. Mit dieser Grundlage gelingt es wie von selbst, sich von der Angst abzuwenden und auf das zu schauen, was Glück und Freude im Leben bringt. In Bezug auf die Arbeit, auf die Familie und die Wohnsituation und auch in Bezug auf die gesamte Erde. Dann ist man in der Lage, auch in kleinsten Dingen das Schöne zu sehen. Die Angst ist dann nur noch ein Freund in der Ferne, der uns dann besucht, wenn eine Situation wirklich gefährlich wird. Dafür ist das Gefühl »Angst« gedacht, und hier macht die Angst auch Sinn. Aber nur hier!

Übung »Erde und Himmel«:

Übung:

Stellen Sie sich aufrecht hin, die Beine hüftbreit auseinander, sodass Sie einen guten Stand haben. Atmen Sie tief, werden Sie ganz ruhig. Lassen Sie nun in Ihrer Vorstellung Wurzeln aus Ihren Fußsohlen tief in den Boden hineinwachsen, bis Sie sich fest mit der Erde verbunden fühlen, fest verwurzelt wie ein alter Baum. Spüren Sie die Erdung. Genießen Sie, getragen und gehalten zu werden.

Stellen Sie sich nun vor, wie feine Kristallfäden aus Ihrem Kopf herauswachsen und nach oben streben. Spüren Sie, wie zwischen Ihnen und dem Himmel eine intensive Verbindung entsteht. Sie können durch Ihre Gedanken Botschaften hinaus ins Universum schicken. Und Sie können Botschaften empfangen. Ideen können entstehen, Eingebungen können den Weg zu Ihnen finden. Nehmen Sie den Kontakt wahr, nehmen Sie die Welt der Ideen wahr. Stellen Sie sich vor, wie die Ideen entlang den Kristallfäden durch Ihren Körper hindurch nach unten sinken und wie Sie diese Ideen durch Ihre Wurzeln auf die Erde bringen. Nehmen Sie das satte Gefühl der Erfüllung wahr. Danken Sie Ihrer Verbindung zur Erde. Und danken Sie Ihrer Verbindung zum Himmel. Nehmen Sie beides gleichzeitig wahr – die Festigkeit der Erde und die Leichtigkeit des Himmels. Achten Sie beides.

Atmen Sie noch einmal tief durch, und verankern Sie so dieses Bild in Ihnen. Dann kehren Sie wieder in Ihre Welt zurück, in Ihre Wirklichkeit.

Der Sinn von schwierigen Phasen

Über Wunscherfüllung, positives Denken, Glück und Zufriedenheit haben Sie vermutlich schon einiges gehört und gelesen. Die meisten Menschen mit erhöhter Sensibilität sind dafür offen. Denn sie leiden stärker unter Unsicherheiten und Misserfolgen als andere und bemühen sich daher auch intensiv um Balance. Gelingt es ihnen aber nicht, dauerhaft im Hochgefühl zu leben, schleicht sich schnell der Gedanke ein, etwas falsch zu machen. Ständig schwingt dann das Gefühl von Misserfolg mit. Es ist nur logisch, dass sie eines Tages frustriert reagieren und denken: »Das nützt doch sowieso alles nichts.« Wie schade! Denn all diese Anregungen, um das Denken und die Gefühlswelt positiv zu stimmen, können durchaus viel bewirken. Nur die Schlussfolgerung, dass durch die Umsetzung dieser Anregungen im Leben alles glatt laufen müsse, ist falsch.

Leben bedeutet Veränderung, Leben bedeutet Wandel und Wachstum. Schwankungen, Hochs und Tiefs gehören somit zum Leben dazu. Diese Gegebenheiten müssen wir akzeptieren. Durch positives Denken können wir jedoch besser damit zurechtkommen, wie zum Beispiel, die Tiefs nicht mehr so tragisch zu nehmen. Wenn man sich dessen bewusst ist, dass es sich um die ganz normalen zyklischen Vorgänge handelt, warum sollte man dann noch mit dem Schicksal hadern?

Wenn alles glatt läuft, das Leben reibungslos funktioniert, wir nicht gefordert sind, dann greift oft das alte Sprichwort: »Wenn es dem Esel zu gut geht, geht er aufs Eis.« Wie wahr –

denn zuweilen scheint es fast naturgegeben, dass wir uns in Gefahr begeben oder Schwierigkeiten heraufbeschwören, wenn es uns gut geht. Wir können es uns dann leisten. Die Neugierde wächst. Wir schauen einfach einmal, was passiert.

Wer keinen Zwang verspürt, Geld zu verdienen, wird seinen Job leichter hinwerfen, als einer, der keinen finanziellen Rückhalt hat. Wer von vielen Menschen umschwärmt wird, setzt schneller einmal die Beziehung aufs Spiel, als einer, der nach langem Suchen endlich einen lieben Partner gefunden hat. Wer rundum gesund ist, riskiert die Unversehrtheit seines Körpers eher, als einer, dessen Gesundheit bereits angeknackst ist. Das ist durchaus menschlich.

Selbst wenn es danach zum Absturz kommt, zur Einsamkeit, zum Mangel. Es sind Erfahrungen, die wir machen, vielleicht auch machen wollten. Wir wollen vielleicht nicht unbedingt etwas Schlechtes oder Schlimmes erleben, aber wir wollen Erfahrungen machen. Schließlich sind wir dafür auf der Erde. Wir sind nicht hier, um beschaulich vor uns hinzuleben.

Große Charaktere können sich nur entwickeln, indem sie Schicksalsschläge erleben und damit nicht nur Täler, sondern tiefe Schluchten durchschreiten.

Als sensibles Wesen nehmen Sie die Dinge nicht einfach hin. Sie fragen nach dem Warum. »Warum bin ich in Mitteleuropa geboren und nicht in Afrika?« – »Warum ist meine Freundin krank und ich nicht?« – »Warum sind die Verhältnisse so und nicht anders?« – »Weshalb bin ich hier auf der Erde?«

Sie wollen die Hintergründe wissen. Sie machen es sich nicht leicht. Sie suchen tatsächlich die extremen Erfahrungen. Ständige Heiterkeit und lauwarmes Wetter wären für Sie nicht ausreichend, um sich gut zu fühlen. Sie brauchen heftigere und wildere Empfindungen. Dabei lässt sich natürlich auch eine Menge lernen. Genau das scheint die Absicht Ihrer Seele zu sein – einen kargen und harten Weg zu nehmen. Nur manchmal lässt sich diese Absicht auch ändern. Dabei sollten Sie es in Betracht ziehen, dass Sie absichtlich den steilen, schweren Weg gewählt haben, weil Sie so das Erreichen des Zieles, den Erfolg für umso größer und beachtenswerter halten. Ist dies der Grund und sind Sie zu der Überzeugung gelangt, nun genug Berge an ihrer steilsten Stelle erklommen zu haben, dann versuchen Sie, sich von dieser Vorstellung zu lösen und ab sofort die Seilbahn zu nehmen.

Wenn wir ehrlich sind, sind es aber häufig die schwierigen Phasen im Leben, die uns weiterbringen. Zumindest rückblickend. So richtig können wir unsere Talente doch erst entfalten, wenn sie gefordert sind. So manche Anlage schlummert über Jahrzehnte hinweg in uns. Eines Tages ereilt uns dann ein Schicksalsschlag, und wir werden aufs Äußerste gefordert. Wir entdecken Fähigkeiten, die wir nie in uns vermutet hätten. Wir wachsen über uns hinaus. Im Nachhinein dürfen wir stolz und glücklich sein, das alles geschafft zu haben. Wir werden sozusagen vom Schicksal geschliffen und dadurch veredelt. Ein Diamant entsteht auch unter hohem Druck. Ohne Druck bliebe es beim Grafit, der höchstens das Zeug zur Bleistiftmine hätte.

Wer schwere Situationen gemeistert hat, wird sich bewusst, dass er dadurch erst bestimmte Stärken entwickeln konnte. Phasen der Trauer, Zeiten des Zorns, Tage voller Verzweiflung und auch Perioden voller Eifersucht, Neid und Hass gehören nicht nur zum Leben dazu, wir brauchen sie sogar. Wir sollten also aufhören, uns selbst für unsere negativen Gefühle zu verurteilen.

Das Ziel ist, sowohl das Glück als auch das Unglück schätzen zu lernen. Beides ist wichtig. Wie ließe sich Glück erkennen, wenn wir nicht wüssten, wie es sich anfühlt, unglücklich zu sein? Wer schätzt seine Gesundheit hoch, wenn er nie krank war und Schmerzen hatte? Wer kann wissen, was der Unterschied zwischen einem Leben allein und einem Leben in Gemeinschaft ist, wenn er nicht beides ausprobiert hat? Die menschliche Vorstellungskraft ist durchaus groß, doch lernen lässt sich am meisten durch eigene Erfahrung.

In dem Moment, in dem wir verstehen, dass es sich auch bei einer schwierigen Situation nur um einen vorübergehenden Zustand handelt, werden wir das Ganze so sehen können: Wir machen gerade eine Erfahrung, die unser Spektrum erweitert und sogar äußert wichtig für unser zukünftiges Leben sein kann.

Wir können negative Gefühle nicht einfach unterdrücken oder verleugnen. Wenn wir wütend oder gekränkt sind, nützt es nichts, so zu tun, als wäre alles in Ordnung. Wir müssen uns schon damit auseinandersetzen. Aber: Wir brauchen uns nicht mit diesen negativen Gefühlen so zu identifizieren, als würden sie uns ausmachen. Sofort wird es leichter. Wir fühlen uns verletzt, aber wir wissen auch, wie es sich anfühlt, geborgen zu sein. Wir fühlen Wut, aber wir können auch anders, nämlich warmherzig und liebevoll sein. Wir fühlen die Verzweiflung, aber wir haben es auch schon erlebt, mutig und kraftvoll zu sein. Wir sind traurig, wissen aber auch vom Sonnenschein.

Wir müssen es regelrecht trainieren, in den schwierigen Phasen an die anderen Zeiten zu denken, diese eben nicht aus dem Auge zu verlieren und damit der negativen Seite alle

Kraft zu geben. Schließlich brauchen wir diese Kraft, um das Tief zu überwinden und wieder zufrieden und glücklich zu werden. Das kann gelingen, wenn wir uns dies als Ziel setzen. Betrachten wir das Glück als Licht, dann müssen wir uns diesem Licht einfach zuwenden. Driften wir zwischendurch ab, weil das die Strömungen des Lebens mit sich bringen, haben wir immer eine Orientierung – eben dieses Licht. Für manche ist es ihr Glaube, ihre Religion, für andere ist es eine spirituelle Vorstellung.

Machen Sie dazu doch gleich eine kleine **Lichtübung.**

Übung:

Rufen Sie sich ein Thema ins Gedächtnis, das für Sie mit Schatten, mit Traurigkeit, mit Ängsten, mit Sorgen verbunden ist. Stellen Sie sich nun ein warmes, helles Licht am Himmel vor. Von dieser Lichtquelle aus führt ein Lichtstrahl direkt hin zu Ihrem Thema. Lassen Sie den Lichtstrahl wirken, lassen Sie ihn in Ihrer Vorstellung noch etwas größer und heller werden. Alles Graue und Trübe weicht damit aus dem Feld dieses Themas. Die Klarheit, die das Licht mit sich bringt, lässt neue Hoffnung wachsen. Das Licht tröstet und versöhnt. Gehen Sie dann wieder in Ihrer Vorstellung in Ihre Wirklichkeit, lassen Sie das Licht aber weiterscheinen.

Die reine Vorstellung von einem Leben voller Licht, Glück und Freude kann genügen, um ein Ziel in sich zu verankern. Seien Sie sich gewiss: Die Fähigkeiten, die wir entwickeln, um die Schattentäler zu durchschreiten, können wir dann in den guten Zeiten auf positive Weise nutzen. Vielleicht indem wir sie in unsere Arbeit einfließen und andere Menschen an unserem Wissen teilhaben lassen.

Schwere Zeiten zu erleben gehört zum Leben. Schlimm wird es nur, wenn wir den Blick auf das Licht verlieren und die negativen Gefühle in uns überwiegen. Damit schneiden wir uns von der Lebendigkeit, der Kreativität und der Freude ab. Auch wenn das Schicksal uns ein Wechselspiel von Glück und Unglück, von Höhen und Tiefen beschert: Viel liegt an jedem selbst, an der eigenen Einstellung, wie tief er fällt. Es hängt von der persönlichen Bewertung eines Ereignisses ab. Lernen Sie, die Kraft zu sehen, die ein Schicksalsschlag birgt, und lernen Sie, diese Kraft zu nutzen. Das zieht das Glück wieder auf Ihre Seite.

Bergauf – bergab

Wenn Sie als sensibler Mensch die Ängste erst einmal überwunden haben und auch schwierige Phasen im Leben annehmen können, fällt es Ihnen leichter zu akzeptieren: Im Leben geht es manchmal bergauf und manchmal bergab. Dies hilft Ihnen, entspannter auf Tiefen und Höhen zu reagieren. Was Sie als negativ und schlecht bezeichnen und was als günstig und gut, ist oft nur Definitionssache. Es lebt sich leichter, wenn Sie beides als gegeben hinnehmen.

Wie der Weg durch verschiedene Landschaften so schlängelt sich auch unser Weg durch das Leben. Mal läuft er sich ganz leicht, alles entwickelt sich nach Wunsch. Plötzlich geht es steil nach unten, wir stürzen ab, unsere Karriere gleich mit. Gefrustet kämpfen wir uns durch eine düstere Schlucht hindurch, die kein Ende zu nehmen scheint. Schließlich entdecken wir doch einen Ausweg. Es ist ein schmaler, steiler Pfad, der uns wieder nach oben führt. Oben angekommen, mit erneutem Weitblick in die Ferne, sind wir stolz auf diese Leistung. Wir trauen uns Großes zu, halten uns nach diesen, wie wir meinen, unendlich schwierigen Erfahrungen für unbesiegbar. Und fallen unversehens in die nächste Spalte. Ein neues Drama nimmt seinen Lauf – dem wir aber, auch wenn wir gerade nicht daran glauben, erneut entkommen können.

In schwierigen und düsteren Zeiten halten wir es für unmöglich, dass sich je etwas ändern könnte. Uns geht es schlecht, und wir können eine Menge Gründe dafür aufzählen – das problematische Elternhaus, die mangelnde Ausbildung, die

Belastung durch die Kinder, die fehlende Unterstützung durch einen Partner, die Probleme auf der Arbeit, die angegriffene Gesundheit und so weiter. Wir denken, dass das, was ist, von Dauer sei. Aber: Auch in Zeiten, in denen es uns gut geht, in denen alles glatt läuft, halten wir es für genauso unmöglich, dass sich dies ändern könnte. Auch dann gehen wir felsenfest davon aus, dass wir das, was wir haben, auch behalten werden. Alles scheint ganz selbstverständlich zu unserem Leben zu gehören. Wie es jetzt ist, wird es für immer bleiben.

Wirklich für immer? Die Erfahrenen unter den sensiblen Menschen wissen: Über Nacht kann sich das Leben von Grund auf ändern. Sei es durch den Ausbruch einer Krankheit, durch einen Unfall oder sogar durch einen politischen Umsturz. Selbst familiäre Umbrüche kommen manchmal recht unerwartet: Vielleicht will der Partner die Trennung. Nach so vielen gemeinsamen Jahren. Oder die heranwachsenden Töchter und Söhne geraten außer Kontrolle. Oder die Eltern werden pflegebedürftig und machen damit für Monate oder gar Jahre die geliebten Urlaubsreisen unmöglich. Oder wir verlieren den Arbeitsplatz. Trotz aller Anstrengungen, Überstunden und Fortbildungen – die Firma hat Pleite gemacht oder wird verkauft. Wir werden nicht mehr gebraucht. Die ganzen schönen Kalkulationen haben keine Gültigkeit mehr. Die eigenen Pläne sind schlagartig über den Haufen geworfen. Möglichkeiten für heftige Schicksalsschläge gibt es also zahlreiche. Als sensibler Mensch neigt man dazu, gerade solche Tiefschläge sehr persönlich zu nehmen. Sie treffen einen bis ins Mark.

Immer aber ist damit ein Entwicklungsschritt für unsere Seele verbunden, der notwendig, ja, längst überfällig war.

Im Laufe der Zeit werden wir ruhiger und gelassener. Stehen weise über den Dingen. Das gilt es, nicht zu vergessen, auch wenn das Leben wieder einmal Achterbahn mit uns fährt. Für sensible Menschen ist es vielleicht schwieriger, den Überblick zu behalten, weil ständig unzählige Eindrücke auf sie hereinprasseln. Aber es geht! Wichtig ist, die Emotionen aus dem Spiel zu lassen. Nicht alles so fürchterlich persönlich zu nehmen. Wir müssen aufhören, zu bewerten, einzuteilen in »das ist gut« oder »das ist schlecht«. Wie wollen wir das wissen, wenn wir doch nur einen kleinen Teil vom Ganzen sehen? Vielleicht brauchen wir für das, was später kommt, genau die Fähigkeiten, die wir uns in der Tiefphase erwerben können.

Am hilfreichsten ist in der Tat die Vorstellung des Lebens als Weg. Da sind Schluchten und Berge, Hochebenen und Talsohlen nämlich gleich in der Vorstellung mit inbegriffen. Und klar ist auch, dass, wenn wir über die Erde wandern, keine Landschaft, und mag sie uns mit unserer begrenzten Wahrnehmung noch so unendlich erscheinen, auch wirklich endlos ist. Irgendwann hat jede Wüste ein Ende, steigt jedes Tal wieder zur Höhe an. Mit diesem Bild vor Augen tun wir uns erheblich leichter. Wir bewahren das Vertrauen, dass es wieder aufwärtsgehen wird, wenn wir gerade unten sind. Und wir bleiben uns der Qualität bewusst, die wir genießen, wenn wir gerade oben wandern. Ohne ängstlich auf eventuelle Verluste zu warten und ohne überheblich einen Anspruch auf Ewigkeit aus dem Status quo abzuleiten. Verstärken Sie das Wissen um den stetigen Wandel durch das Bild eines wirklichen Weges, der sich durch abwechslungsreiche Landschaften schlängelt.

Machen Sie dazu die **»Lebensweg-Meditation«:**

Übung:

Setzen Sie sich bequem hin, atmen Sie ein paar Mal tief ein und aus, bis Sie innerlich ganz ruhig und gelassen werden. Auftauchende Gedanken lassen Sie vorbeiziehen wie Wolken am Himmel. Schließen Sie die Augen.
Nun stellen Sie sich eine Landschaft mit sanften Hügeln vor. Stellen Sie sich einen Weg vor, der sich durch die grünen Hügel schlängelt. Gehen Sie auf diesem Weg ein wenig spazieren, sehen Sie sich, wie Sie über die grünen Hügel wandern. Ein Gebirge taucht auf. Schon sind Sie am Fuß der Berge angelangt. Der Weg wird steiler, er windet sich hinauf, das Wandern wird mühsamer. Aber es ist auch interessant und spannend, hier zu klettern. Schließlich sind Sie oben. Sie haben einen freien Blick ins Tal hinab. Sie genießen es, oben zu stehen und Ihren Blick in die Ferne schweifen zu lassen. Dann gehen Sie weiter. Der Weg führt Sie nun wieder talwärts. Teilweise geht es steil bergab, einen Wasserfall entlang. Das kann gefährlich sein, aber auch herausfordernd und sogar richtig Spaß machen. Dann geht es wieder eher gemütlich auf einem Höhenweg entlang. Da, ein Dickicht muss durchdrungen werden. Endlich kommen Sie wieder in ein Kulturland. Es ist eine gepflegte, reiche und fruchtbare Gegend. Hier lässt sich ohne Anstrengung wandern. Auf einer Wiese sehen Sie Heubündel. Sie laden ein zum Ausruhen. Sie legen sich in eines der Heubündel und schauen entspannt in den Himmel.
Nach einer Weile sehen Sie, wie über Ihrem Kopf ein großer Vogel kreist, ein Adler. Sie bekommen Lust zu fliegen und schwingen sich mit diesem Adler hinauf in die Lüfte. Nun sehen Sie den Weg, den Sie gegangen sind, noch einmal im Ganzen. Sie sehen den Aufstieg, den Gipfel, den Abstieg, die Ebene. Faszinierend ist alles. Sie erkennen: Nichts davon ist gut oder schlecht, es ist alles wichtig und richtig. Und weiter ging es schließlich immer. Schön wurde der Weg erst dadurch, dass er zwischen Aufstieg, Abstieg, Gipfel und Ebene wechselte. Verneigen Sie sich innerlich

dankbar vor dem Schicksal, und nehmen Sie das Bild Ihres Weges mit zurück in Ihre Wirklichkeit.

Atmen Sie noch einmal tief durch, öffnen Sie die Augen, und seien Sie wieder ganz im Hier und Jetzt.

Erinnern Sie sich immer wieder einmal an das Bild Ihres Weges aus der Meditation. Gerade in Zeiten, in denen Sie mit dem Schicksal hadern oder meinen, keinen Ausweg zu sehen. Einen Weg gibt es immer. Oder wenn eine Situation über zu lange Zeit hinweg schwierig und immer gleich bleibt – auch dies bedeutet keine Erstarrung für immer, sondern ist nur eine Ebene. Der Weg geht weiter.

Die goldene Mitte

Die einen haben überreichlich Geld und Besitz, andere leiden unter einem chronischen Mangel daran. Die einen werden überhäuft mit Arbeit und hetzen von Termin zu Termin, andere sind untätig und sehnen sich nach einer Beschäftigung, ihre viele Zeit können sie schon lange nicht mehr genießen. Die einen haben eine Unmenge an Hobbys, anderen fällt nichts ein, sie ersticken in Langeweile. Welchen Bereich auch immer wir anschauen: Meist gibt es dort ein Zuviel oder ein Zuwenig. Ob Überfluss oder Mangel: Beides ist unausgewogen. Die Balance liegt in der Mitte.

Für sensible Menschen ist es besonders wichtig, diese Balance zwischen Überfluss und Mangel zu finden. Ein Ungleichwicht macht sich bei ihnen heftiger und unangenehmer bemerkbar. Viele reagieren mit psychischen oder körperlichen Schwächen, fallen in eine Depression oder bekommen Rückenprobleme, Kopfschmerzen oder Nervenentzündungen. Sie reagieren da, wo ihre Schwachstellen liegen.

Wie ist es in Ihrem Leben? Neigen Sie mehr zum Überfluss oder zum Mangel? Machen Sie sich bewusst: Es ist beides dieselbe Energie, deren Mitte Sie erreichen sollten. Extreme wie Überfluss und Mangel sind auf die Dauer gleichermaßen ungesund. Bereits der griechische Philosoph Aristoteles (384–322 v. Chr.) stellte fest, dass sich die Leidenschaften der Menschen im Mangel, im Übermaß oder in deren Mitte zeigen können. Mithilfe unserer Eigenschaften und Fähigkeiten, so meinte Aristoteles, können wir die Leidenschaften zur goldenen Mitte führen, das sollte das Ziel aller Menschen sein. Als Beispiel nannte er einen feigen, einen tapferen und einen tollkühnen Menschen. Das Zuwenig an Mut, das sich in der Feigheit zeigt, ist falsch, das Zuviel an Mut, das sich in der Tollkühnheit zeigt, ebenso. Die Mitte liegt in der Tapferkeit. In einem anderen Beispiel schrieb er von Engherzigkeit auf der einen und Prahlsucht auf der anderen Seite. Die wahre Größe liegt auch hier in der goldenen Mitte.

Das Wissen um den goldenen Mittelweg ist also alt, und diesem Wissen entsprechend zu handeln, hat sich als vernünftig und beglückend bewährt. Und doch neigen viele Menschen dazu, sich den Extremen zuzuwenden. Auch sensible Menschen sind davon nicht ausgenommen. Es scheint, als würden sie es als ihre Pflicht empfinden, mit anderen mitzuleiden und deren Schicksal zu teilen. Es ist wie ein unwiderstehlicher Drang, erst die beiden Seiten der Waagschale auszuloten, bevor sie zum Gleichgewicht gelangen können. Vielleicht gehört dies zum Entwicklungsweg eines jeden Menschen. Manche Seelen sehnen sich nach einseitigen, heftigen Erfahrungen, manche führen sie sogar bewusst herbei. Vielleicht wissen sie intuitiv, dass man wahre Ausgewogenheit nur schätzen kann, wenn man ihre Abwesenheit einmal wahrgenommen hat. Danach gilt der harmonische Zustand als erstrebenswertes Ziel. Zuvor wird Harmonie als langweilig empfunden.

Solange es der Entwicklung der Persönlichkeit dient, wenn man sich der einen oder der anderen Seite stärker zuneigt und dadurch eine Erfahrung vertieft, ist das durchaus in Ordnung. Kritisch wird es, wenn man aus dieser Haltung nicht mehr herauskommt und darin verhaftet bleibt. Dann wird dieser Zustand der Einseitigkeit zur Normalität. Man glaubt, es müsse so sein.

Schauen Sie sich anhand zweier Beispiele, nämlich »Kraft« und »Geld«, an, wie sich solche schädlichen, extremen Muster unmerklich einschleichen und wie man sie dennoch erkennen kann. Vielleicht haben Sie beide Bereiche auch schon in Ihrem eigenen Leben kennengelernt.

Zuerst die Kraft: In Nachrichten, Berichten und Filmen werden wir beinahe täglich mit Gewalt konfrontiert. Manche Menschen lassen sich davon beeinflussen. In den einen erwachen Aggressionen, sie reagieren als Täter. Die anderen haben Angst, sie reagieren als Opfer. Zu letzterer Gruppe zählen meist die sensiblen Zeitgenossen. Es ist ihre Natur, sich auf die Seite der Schwächeren zu stellen. Eine Hilfe ist ihnen das aber nicht. Der Gedanke an die Gewalt lässt sie nicht mehr los. Die Angst davor holt sie immer wieder ein, in ihren Träumen oder beim Grübeln. Sie werden verstärkt aufmerksam auf ungute Situationen. Sie trauen sich nicht mehr alleine in den Wald, nicht mehr nachts auf die Straße, nicht mehr, allein U-Bahn zu fahren. Die erste Gruppe hingegen zieht es in gefährliche Gegenden wie die sozialen Brennpunkte großer Städte.

Beider Gruppen Leben ist unfrei geworden. Die »Opfer« strahlen mit der Zeit eine solche Furcht aus, dass sie Gewalt anziehen wie ein Magnet. Auch die »Täter« geraten nun, da sie die Schleusen einmal geöffnet haben, immer leichter in die Nähe anderer gewaltbereiter Menschen. Situationen, in denen sich das Zuschlagen als einziges Mittel anzubieten scheint, häufen sich.

Die Ursache dafür liegt in der Denkstruktur, die sich auf ein Extrem ausgerichtet hat. Denn angesprochen wird in beiden Fällen ein und derselbe Bereich, nämlich die Kraft. Zu häufig wird Kraft als Gewalt ausgeübt, das Verleugnen oder die Unkenntnis der eigenen Kraft führt zum Erleiden von Gewalt.

Beides hat untrennbar miteinander zu tun, auch wenn es moralisch völlig unterschiedlich bewertet wird. Es ist das jeweilige Extrem ein und derselben Energie – der Kraft.

Lebt man diese Kraft im übersteigerten Maße aus, wird man zum Täter. Negiert man die Kraft, wird man zum Opfer. Gesund ist der ausgewogene Bereich in der Mitte. Nur hier vermag man, seine Kraft zu leben und seine Grenzen zu verteidigen, nur hier vermag man, Übergriffe abzuwehren, selbst aber nicht übergriffig zu werden.

Und dann das Geld: Zwischen Mangel und Geiz, Sich-Verschulden und Verprassen windet sich der Geldfluss. Selten ist der Umgang mit Geld in Balance. Vielen Menschen fehlt Geld, und sie sind einseitig auf die Energie »Mangel« fixiert. Die meisten sensiblen Menschen sind mehr auf Mangel als auf Überfluss ausgerichtet, weil sie damit den größeren Teil der Menschheit »unterstützen«. Wieder sind sie damit auf der Seite der Bedürftigen, der Schwächeren. Eine Hilfe ist das aber weder für die armen noch für die sensiblen Menschen.

Aber auch reiche Menschen können in dieser Mangelenergie schwingen. Sie halten ihr Vermögen für bedroht und sitzen sozusagen auf ihrem Geld. Sie sind extrem geizig und gönnen weder sich noch anderen etwas. Oder sie verfügen zwar über Geld im Überfluss, aber haben das Gefühl, es stünde ihnen nicht zu. Auch das ist ein Hinweis darauf, dass sie noch in der Mangelenergie schwingen. So bleibt das Geld nicht bei ihnen. Sie fühlen sich nur wohl, wenn sie kaufen, kaufen, kaufen. Sinn haben diese Käufe selten. Manche machen sogar Schulden, aber sie kaufen weiter. Sie können nicht anders.

In all diesen Fällen ist das Thema Geld belastet. Das Bewusstsein von Mangel und Geiz ist ebenso falsch und schädlich wie das Verhangensein in der Verschwendungssucht und im Sich-Verschulden. Alles hat mit mangelndem Wert zu tun. Beim Mangelbewusstsein liegt die fehlende Wertschätzung in der eigenen Person – man hält sich nicht für wert, im Wohlstand zu leben. Beim Verschwendungsbewusstsein sind einem die Dinge nicht viel wert. Deshalb freut man sich kaum über Neuerworbenes, kauft aber trotzdem weiter, getrieben von dem unbewussten Wunsch, doch noch Werte zu entdecken. Erkennen Sie die innere Verbindung zwischen den Wörtern »Wert« und »Wertschätzung«?

Sind die Werte und die Wertschätzung blockiert, ist auch die Fähigkeit, zu nehmen oder zu geben, blockiert. Nur wenn die Einstellung zu den Werten – und zwar in jeder Beziehung, materiell und spirituell – frei und entspannt fließen kann, gelangen Einnahmen und Ausgaben ins Gleichgewicht.

Mit einem Wackelbrett lässt sich eine leichte **Körperübung** für mehr Gleichgewicht im Leben durchführen.

Übung:

Sie wird Ihnen Spaß machen. Ein Wackelbrett finden Sie im Sportbedarf, Sie können es aber auch selbst bauen. Es ist dazu gedacht, rein körperlich den Gleichgewichtssinn zu fördern. Auch lassen sich damit die kleinen Muskelfasern im Becken und unteren Rücken stabilisieren. Diese dienen dazu, den Körper in Balance zu halten.

Mit dem Wackelbrett lässt sich vielfältig üben. Sie bauen Ihren Gleichgewichtssinn auf. Das körperliche Gleichgewicht wird trainiert und das seelische gleich mit. Denn Sie wissen ja: Wie innen, so außen. Körper und Seele sind nun einmal eng miteinander verbunden, solange wir auf Erden weilen.

Glaubenssätze erkennen und verändern

Intensiv zu spüren, aufnahmefähig und sensibel zu sein, schützt nicht davor, sich in ungute Lebenssituationen zu manövrieren. So gibt es auch unter den sensiblen Menschen viele, denen es nicht gut geht, die eine ganze Reihe von Problemen haben. Sie leben in einer Beziehung, in der die Liebe fehlt. Sie arbeiten in einem Beruf, in dem sie ihre Talente nicht einbringen können. Sie haben ständig zu wenig Geld und können sich keine Annehmlichkeiten leisten. Sie kränkeln so oft, dass sie schon fast vergessen haben, wie gut sich das Leben anfühlt, wenn man voller Kraft und Ideen ist. Sensible Wesen tun sich gerade wegen ihrer feinen Empfindungen besonders schwer, aber sie wissen keinen Ausweg.

So nehmen sie es hin, wie es ist, und werden dabei müder und trübsinniger, Jahr für Jahr. Dass das Leben leicht sein kann, kennen sie nur noch aus Seifenopern im Fernsehen. Und selbst da suchen sie sich meist die heraus, in denen sich die Probleme der Protagonisten haushoch türmen – vielleicht, um sich darin bestätigt zu fühlen, dass das Leben nun einmal kein Zuckerschlecken ist. Es sind aber nicht die Umstände, die ihnen das Leben schwer machen. Es sind ihre Überzeugungen.

Besondere Aufgaben haben wir alle mitbekommen. Das ist nun einmal so. Jeder wird mindestens einmal im Leben an die Grenze des Erträglichen geführt und manchmal darüber hinaus. Jeder wird auf seine Fähigkeit hin getestet, wie gut er sich auf Veränderungen einstellen kann.

Jeder von uns hat also sein Schicksal und damit seine eigenen Aufgaben zu bewältigen. Um mit ihnen klarzukommen, orientieren wir uns daran, wie andere in einer ähnlichen Situation reagiert haben. Das hat den Vorteile, dass man nicht alles selbst herausfinden muss. Aber dadurch neigen wir dazu, unsere eigene Persönlichkeit zu übergehen und damit viele unserer besonderen Chancen zu verpassen.

Gerade weil manche der persönlichen Aufgaben einander ähneln, haben sich in der Gesellschaft Ansichten herausgebildet, die als allgemein verbindlich gelten. So werden Erfahrungen zu Glaubenssätzen, die wie unumstößliche Richtlinien behandelt werden. Es gibt sie für jede Lebenslage. »Das ist so und nicht anders.« – »Dieser Weg führt ins Unglück, und jener hat sich bewährt.« Für viele Menschen sind diese Glaubenssätze die richtigen. Aber eben nicht für alle.

Eine erhöhte Sensibilität macht besonders anfällig dafür, fremde Glaubenssätze zu übernehmen. Man spürt, was von einem erwartet wird, und möchte niemanden enttäuschen. Hinzu kommt, dass sich auch eigene Erlebnisse tief in die sensible Seele einbrennen. Mal sind es also die allgemeinen Überzeugungen, die man immer wieder hört, bis man sie schließlich verinnerlicht. Mal sind es die Überzeugungen, die sich durch die eigenen Erlebnisse gebildet haben. Aus all dem lernt man – und aus all dem bilden sich Glaubenssätze heraus.

Erfahrungen zu machen gehört zum Leben. Sich das Dasein zu erleichtern, indem man Lebenslagen miteinander vergleicht und auf bereits bekannte Situationen ähnlich reagiert, ist nur vernünftig. Zumindest im Regelfall. Manchmal aber reagieren wir wie in alten Zeiten, immer wieder gleich, obwohl längst eine andere Haltung angebracht wäre. Der Grund: Wir sind einem negativen Glaubenssatz aufgesessen.

Unser Unterbewusstsein hat ein Erlebnis als Auslöser und seine Folgen abgespeichert. Es schlussfolgert: Erleben wir dies, folgt daraus jenes. Dabei spielt es erfahrungsgemäß nur eine geringe Rolle, ob man die Situation wirklich selbst erlebt hat. Gerade eine allgemeingültige Überzeugung ist beinahe so wirksam wie ein echtes eigenes Erleben. Wir übernehmen solche Überzeugungen in der Regel unhinterfragt und ungefiltert. In einer vergleichbaren Situation greift unser Unterbewusstsein auf dieses »Wissen« zurück und will uns zu Handlungen drängen, die darauf beruhen. Im günstigen Fall erleichtert dies das Leben, denn so muss nicht jeder alle Erfahrungen selbst machen. Doch was ist, wenn es sich um falsche und längst überholte Meinungen handelt? Diese blockieren uns nur!

Glaubenssätze gibt es unendlich viele. In Bezug auf Liebe, Familie, Geld, Gesundheit, Arbeit usw. Manchmal sind sie hilfreich und stützen ein positives Weltbild. In den meisten Fällen aber engen sie uns ein. Sie hindern uns an der freien Entfaltung und am Lebendigsein. Schauen Sie sich drei Beispiele von negativen Glaubenssätzen und ihrer fatalen Wirkung an:

Mit dem Alter kommen die Krankheiten: Das Thema Krankheit im Alter sollten Sie als sensibler Mensch sehr sorgfältig behandeln. Oftmals ist eine große Angst vor unguten Verhältnissen damit verbunden. Diese Angst kann lähmen und birgt die Gefahr des Erfüllungszwanges. Seien Sie auf der Hut, wenn Sie Aussagen über Krankheit im Alter hören. »Ab 30 fängt es an mit den Zipperlein«, sagen viele Leute. Andere verlegen die Grenze immerhin auf 40 oder 50 Jahre. Doch davon sind fast alle überzeugt: Der Tag ist unausweichlich, an dem der Körper schlappmacht. Gegenbeispiele von Menschen, die bis ins hohe Alter gesund und rüstig waren und dann einen schnellen, leichten Tod gestorben sind, blenden sie aus. Sie halten daran fest, dass die Krankheiten sicher kommen. Ahnen Sie schon, was dieser Überzeugung dann folgt? Genau, ihre Vorstellung wird erfüllt. Das ist für diese Menschen der Beweis dafür, dass sie richtig lagen. In Wahrheit ist es ein Beweis dafür, dass wir alles bekommen, woran wir glauben, und dass sich unsere inneren Überzeugungen und Glaubenssätze erfüllen.

Da hilft nur eines: Solche negativen Glaubenssätze sofort und ganz bewusst zu verändern. Sie meinen, das sei schwer? Vielleicht. Aber die Aussicht darauf, mit den Folgen des negativen Glaubenssatzes zu leben, ist auch nicht verlockend, oder? Also, was hindert Sie daran, sich die Mühe zu machen, einen neuen, positiven Glaubenssatz zu kreieren? Einen, der die Gesundheit fördert und Sie glücklich macht?

Eine Liebesbeziehung mit dem Kollegen bringt nur Ärger: Manche Menschen können sich voller Begeisterung und ohne zu zögern in ein Liebesabenteuer stürzen. Sie als sensibler Mensch jedoch denken sofort an die möglichen negativen Folgen. Und doch – Sie träumen davon: Wie hinreißend der neue Kollege ist. Wie unendlich attraktiv und dabei so fürsorglich der junge Chef. Ja, Sie sind verliebt. Bis über beide Ohren. Es könnte alles so schön werden. Wenn Sie nicht felsenfest davon überzeugt wären, dass eines Liebesbeziehung unter Kollegen ins Verderben führen würde. Gut, leicht würde das vielleicht nicht werden. Unmöglich aber wäre es auch nicht. Da eröffnet Ihnen das Schicksal die Chance für eine reizvolle Liebesgeschichte – und Sie wenden sich ab, aus lauter Angst, es könnte schiefgehen. Bitter, nicht wahr?

Dahinter steckt ein Glaubenssatz, der Angst vor der Liebe beinhaltet, Angst vor Ablehnung, Angst vor dem Scheitern und Angst vor dem Leben. Wenn einem das Herz aufgeht, kann es nicht falsch sein. Da sollten die Unkenrufe der Enttäuschten ungehört verhallen. Hier gilt es, sich von eigenen Ängsten und schlechten Erfahrungen anderer zu verabschieden und stattdessen einen Glaubenssatz zu formulieren, der Liebe zulässt und Glück ins Leben bringt.

Wenn die Arbeit Spaß macht, brauche ich kein Geld dafür zu bekommen: Oft sind es die sensiblen Menschen und vor allem die sensiblen Frauen, die, wenn sie eine Arbeit gefunden haben, die ihnen gefällt, bereit sind, diese für wenig Geld zu machen. »Die Hauptsache ist, die Arbeit macht Spaß«, ist dann von ihnen zu hören. Und: »Die Kollegen sind doch so nett, das Umfeld passt. Das ist doch wichtiger als der schnöde Mammon.« So arbeiten sie Jahr für Jahr für zu geringen Lohn. Ihre Leistungen schätzen sie nicht. Ihren Selbstwert vermutlich auch nicht. Sie meinen, dass es genug sei, wenn sie Freude an der Arbeit haben. Dass sie aber von irgendetwas leben müssen, denn so ist unsere Gesellschaft nun einmal aufgebaut, das vergessen sie in diesem Zusammenhang. Ihre Überzeugung ist, dass es unrecht und unmoralisch sei, für eine Leistung Geld zu nehmen, die nicht unter größter Mühe, sondern mit Leichtigkeit und Freude erbracht wurde. Dadurch aber sind sie gezwungen, in Abhängigkeit zu leben. Oder sie haben einen anstrengenden, ungeliebten Nebenjob, um überleben zu können. Dabei laugen sie aus und verschleudern ihre Kräfte. Wie schade! Denn so können sie einen großen Teil ihrer eigentlichen Talente nicht nutzen. Solch einen zermürbenden Glaubenssatz, der auf falsch verstandenen Werten beruht, sollten sie sofort entlassen und ihn durch eine Programmierung ersetzen, die ihre Talente fördert und sie gut leben lässt.

Gewöhnen Sie es sich an, Überzeugungen grundsätzlich zu hinterfragen. Werden Sie hellhörig, wenn etwas wie selbstverständlich dahingesagt wird. Seien Sie wachsam, wenn Ihnen jemand eine gängige Meinung als allgemeingültig verkaufen will. So ist es nicht, so ist es nie. Ein Glaubenssatz kann sich hier verstecken. Sie sind sensibel genug, um es zu merken.

Das Leben ist deutlich vielfältiger, als es sich die meisten vorstellen können. Sie aber wissen dies schon aufgrund Ihres reichen Innenlebens. Gestehen Sie es sich einfach zu, Ihre eigenen Fehler zu machen. Trauen Sie sich, drauflos zu leben. Sie werden sehen, wie bunt Ihr Leben wird. Kehren Sie diesen allgemeinen Überzeugungen den Rücken, und machen Sie stattdessen Ihre eigenen Erfahrungen.

Das Erkennen von Glaubenssätzen ist das eine, seien sie nun übernommen oder selbst kreiert. Das andere ist, diese aufzulösen. Wie aber lässt sich das bewerkstelligen? Im Idealfall reicht die Einsicht. Wer sich schon länger mit Glaubenssätzen beschäftigt, weiß, dass das Umdenken von Mal zu Mal einfacher wird. Schließlich genügt bereits das bloße Aufblitzen der Erkenntnis: »Ja richtig, genau, das ist nur wieder ein Glaubenssatz. Bei mir/beim nächsten Mal kann sich alles ganz anders entwickeln.« Und schon ist man frei von dem unguten Erfüllungszwang.

Wer hingegen zum ersten Mal einen Glaubenssatz erkennt und überwinden will, braucht meist etwas Anlaufzeit. Es ist sinnvoll, sich hierfür ein kleines Ritual zu schaffen, das man an speziellen Tagen im Jahr durchführt. Der Neumond etwa eignet sich immer besonders gut für Neuanfänge. Auch der eigene Geburtstag ist ein wunderbares Startdatum. Oder genau der Tag, an dem es Ihnen reicht und Sie sagen: »Jetzt will ich diese Situation ändern.«

Übung:

Angenommen Sie haben mit den Glaubenssätzen in Bezug auf »Arbeit und Erfolg« zu tun. Nehmen Sie ein Blatt Papier, und schreiben Sie all die Sätze auf, die Ihnen zu diesem Thema einfallen. Lassen Sie nach jedem Satz ein paar Zeilen frei. Gehen Sie dieses Schreiben wie eine Meditation an. Schaffen Sie sich eine Stimmung, in der Sie Ihrer Fantasie freien Lauf lassen können, wenn Sie wollen mit Meditationsmusik und Kerzenlicht, vor allem aber mit Ruhe um sich herum. Wenn Ihnen keine Aussagen mehr einfallen, die mit Erfolg und Selbstwert zu tun haben, fangen Sie wieder oben bei Ihrer Liste an. Finden Sie dann zu jeder negativen Aussage eine positive. So können Sie Ihre alten negativen Glaubenssätze quasi überschreiben.

Es könnte zum Beispiel dort stehen: »Die guten Jobs sind Mangelware, ich werde wohl wieder leer ausgehen« oder »Ich kann mich sowieso nicht durchsetzen« oder »Erfolg haben immer nur die anderen« oder »Ich bin nicht gut genug«. Es spielt keine Rolle, ob es sich um wichtige oder unwichtige Dinge handelt. Wenn es eine Aussage ist, die Sie bedrückt, dann ist sie für Sie wichtig. Das zählt!
Nun ergänzen Sie die Sätze mit positiven Aussagen: »Ich finde genau den Job, der wie für mich gemacht ist« oder »An meinem neuen Arbeitsplatz erwartet mich ein faires Team« oder »Ab jetzt traue ich mich: Auch ich habe Erfolg« oder »Ich bin gut genug«. Denken Sie nach, und finden Sie Beispiele von Menschen, die Sie kennen und die trotz widriger Umstände einen guten Job haben, ein ausreichendes Einkommen, die angesehen sind und selbstständig leben. So gelingt es Ihnen besser, die neue Variante zu integrieren.
Formulieren Sie nur solche Sätze, die Sie auch glauben können. Wenn Ihr innerer Kommentator zweifelnd ablehnt, finden die neuen Ideen keinen Halt in Ihrem Wesen und können sich somit auch nicht verankern. Gehen Sie dann lieber in kleinen Schritten vor. Zum Beispiel: »Mein Erfolg baut sich mit der Zeit auf« oder »Schritt für Schritt bringe ich meine Talente zum Vorschein«.
Zum Schluss lesen Sie sich Ihre Liste vor. Beginnen Sie jeden negativen Satz mit »Bisher habe ich

geglaubt ...« und jeden positiven Satz mit »Ab jetzt ist meine Überzeugung ...«. Das würde sich dann zum Beispiel so lesen: »Bisher habe ich geglaubt, dass es kaum gute Jobs gibt und ich leer ausgehen werde. Ab jetzt ist meine Überzeugung, dass ich einen guten Job finde, der wie für mich gemacht ist.« In dieser Art lesen Sie sich alle Ihre Sätze vor. Beschließen Sie Ihr Erfolgsritual wie eine Meditation mit tiefen Atemzügen, um die neuen Sätze tief in sich zu verankern. Dann können Sie sich befreit Ihrem Alltag zuwenden.

Glaubenssätze umzuschreiben ist also gar nicht so schwer. Dass das System funktioniert, ist auf das Gesetz der Anziehung zurückzuführen. Wir strahlen durch unsere Gedanken und Gefühle etwas aus, und das spiegelt uns unsere Umwelt wider. Wir ziehen das an, was wir ausstrahlen.

Es ist doch in allen Lebensbereichen so: Worauf Sie Ihren Blick richten, das gewinnt an Kraft. Worauf Sie Ihre Energie richten, das wird stärker. Das gilt auch für Wohlstand und Geld. Wenn Sie im Zusammenhang mit Geld stets an dessen Mangel denken, dann wird der Mangel immer größer und mächtiger. Wenn Sie im Zusammenhang mit Geld aber an die Fülle denken, dann nimmt diese zu. Letzteres scheint den meisten Menschen unmöglich, wenn das Geld eben hinten und vorne nicht reicht und sich die Schuldenberge immer höher türmen.

Haben Sie auch in Bezug auf Geld noch hinderliche Glaubenssätze in sich verankert? Überprüfen Sie Ihre Gedanken: Denken Sie immer noch, dass es unmoralisch ist, Geld zu haben? Meinen Sie, Geld verdirbt den Charakter? Glauben Sie, dass es irgendeinen Grund gibt, warum gerade Sie leiden müssen und es nicht verdienen, Geld zu haben? Glauben Sie, dass nur harte Arbeit zu Geld führt und dass der Weg zum Geld für Sie verschlossen ist, weil Sie eine leichte Tätigkeit ausführen oder gerade arbeitslos sind? Glauben Sie, dass andere Sie verachten, verfolgen oder bedrohen würden, wenn Sie reich wären? Glauben Sie, dass Sie nicht mehr um Ihrer selbst willen geliebt werden würden, wenn Sie reich wären, sondern nur noch wegen Ihres Geldes? Glauben Sie, dass mit viel Geld auch viele Bürden und Lasten auf Sie zukämen?

Falls diese oder ähnliche Glaubenssätze in Ihnen wirken, wandeln Sie diese um in positive Aussagen. Sie wissen ja, wie es geht: »Es ist in Ordnung, Geld zu haben, es kommt immer darauf an, was man damit macht. Ich verdiene es, Geld zu haben. Ich darf mein Geld ohne Mühe und Plagerei verdienen. Ich werde geliebt, auch wenn ich reich bin.« Und so weiter.

Lassen Sie sich überraschen. Die Ergebnisse werden Ihnen gefallen.

Probleme bewältigen

Ertappen Sie sich zuweilen dabei, wie Sie fassungslos auf andere Menschen schauen? Wie scheinbar einfach die ihr Leben auf die Reihe kriegen? Die sind so kraftvoll, deren Lösungen so praktisch. Nur bei Ihnen scheint nichts wirklich zu klappen. Irgendwo hakt es immer.

Eine Partnerschaft, die nicht hält. Ein Arbeitsplatz, der zu schnell wieder verloren wird. Eine Krankheit, die über lange Zeit nicht abklingen will. Es gibt sie, die Themen, die auf Dauer belasten und die lang brauchen, bis sie gelöst sind. Immer wieder tauchen sie auf. Kaum meinen Sie, den Bogen herauszuhaben und endlich befreit vorwärts stürmen zu dürfen, landen Sie unversehens wieder in derselben Falle. Statt es leichter zu haben, türmt sich das persönliche Hindernis immer höher auf. Für viele andere Menschen ist es schwer nachzuvollziehen, warum Sie an dieser »Kleinigkeit« ständig scheitern. Was für jene eine Selbstverständlichkeit ist, stellt für Sie einen schier unüberwindlichen Berg dar. Frei aber ist keiner. Schaut man nämlich genauer hin, so hat jeder Mensch einen »Knoten« in seinem Leben – nur eben in verschiedenen Bereichen.

Der darin liegende Sinn ist der, dass wir ständig vor Augen geführt bekommen, wie es auch anders, leichter gehen kann. Hätten alle dieselbe Hürde zu überwinden, wäre es kaum vorstellbar, dass dies möglich ist. Wir würden davon ausgehen, dass es sich bei diesem Problem um eine unüberwindliche Mauer handelt. So aber wissen wir, dass dem nicht so ist.

Dennoch schauen wir höchst selten zu den Menschen, die völlig anders leben. Im Gegenteil, die meisten Menschen suchen sich Freunde, die sich in einer ähnlichen Situation wie sie selbst befinden. Das ist Normalität. Mütter treffen sich mit Müttern, Singles mit Singles, Paare suchen sich Paare. Arbeitslose tun sich zusammen, Karrieretypen bleiben unter sich. Die Sportler treffen sich und die Übergewichtigen auch. Die sensiblen Menschen treffen sich mit ihresgleichen, die robusten auch. Alle bleiben in ihrer Gruppe. Ähnlichkeiten haben offensichtlich eine anziehende Wirkung. Einerseits ist es nur natürlich, dass man sich mit »seinesgleichen« umgibt. Schließlich hat man sich mit diesen Menschen am meisten zu erzählen. Um sich mitzuteilen und auszutauschen, sind Kontakte mit Menschen in ähnlicher Situation unendlich wichtig.

Dieses Verhalten zieht nach sich, dass die Menschen, die man trifft, auch ähnliche Probleme haben. Was aber geschieht, wenn sich Scheidungskandidaten, überlastete Mütter oder einsame Singles nur noch mit Scheidungskandidaten, überlasteten Müttern bzw. einsamen Singles treffen? Dann wird sich nicht mehr produktiv und hilfreich ausgetauscht, sondern gemeinsam gejammert und geklagt. Verständlich ist das wohl. Denn wer Beziehungsprobleme hat, hält es nur schwer aus, den Abend mit einem verliebten Paar zu verbringen. Wer arbeitslos ist, erträgt keine beruflichen Überflieger in seiner Gegenwart. Wer Gewichtsprobleme hat, findet keinen Trost bei superschlanken Models.

Vertrackt ist, dass dadurch die Probleme nur größer werden. Der Berg, der doch eigentlich abgebaut werden sollte, wird immer noch höher. Insbesondere wenn es sich nicht um eine vorübergehende problematische Phase im Leben handelt, sondern die Problematik schon längst ein Dauerzustand ist.

Es ist eine riesengroße Überwindung, sich aus dem Kreis des Jammers hinauszubewegen. Aber es hilft.

Es hilft vor allem deshalb, weil man sich dadurch zu einer anderen Sichtweise zwingt. Die eigene kennt man ja bereits, das ist die, mit der man das eigene Problem als unüberwindliche Barriere wahrnimmt. Andere Menschen aber haben dieses Problem nicht. »Die haben es gut«, werden Sie vielleicht denken. Aber: Sie können das auch. Lernen Sie aus der Erfahrung und dem Seelenwissen dieser Menschen.

Machen Sie dazu eine **Übung aus dem Familienstellen:**

Übung:

Stellen Sie sich einen Menschen vor, der Ihr Problem nicht hat. Das kann ein Bekannter von Ihnen sein oder auch ein Prominenter, von dem Sie wissen, dass er davon frei ist. Nun legen Sie sich drei Papierblätter bereit. Auf eines schreiben Sie den Namen des Bekannten, auf das zweite Ihren eigenen Namen und auf das dritte Ihr Problem, z.B. »unerfüllter Partnerschaftswunsch«, »Geldsorgen«, »ständiges Kränkeln« – oder was auch immer Sie belastet.

Nun legen Sie das Blatt mit Ihrem Namen und das Blatt »Problem« dicht nebeneinander auf den Boden, das Blatt mit dem anderen Namen weiter davon entfernt. Stellen Sie sich nun auf Ihr eigenes Blatt. Fühlen Sie ganz intensiv, wie belastend es sich anfühlt, so nahe an diesem Problem, so fest damit verbunden zu sein. Dann stellen Sie sich auf das Blatt mit dem anderen Namen. Durch Ihre Feinfühligkeit werden Sie unmittelbar spüren, wie es diesem Menschen geht. Sie werden feststellen, dass Ihr Problem für ihn keines ist. Wie denn auch?! Er hat Ihr Problem ja nicht. Er sieht es nicht einmal. Es ist nicht wichtig für ihn. Nehmen Sie das befreite Gefühl wahr, das auf diesem Platz auftaucht.

Nun gut, es ist nicht Ihr eigener Platz. Die Erfahrung, wie es sich anfühlt, ohne dieses Problem zu sein, ist aber wertvoll. Überlegen Sie: Vielleicht müssen Sie dem

»Problem« ja gar nicht so nah sein? Vielleicht können Sie Ihren Platz ein wenig davon wegrücken? Verändern Sie doch einmal die Lage Ihres Platzes. Ein bisschen seitlich davon oder gar in eine ganz anderen Ecke des Raumes. Nur einmal ausprobieren. Fühlt es sich gut an? Fehlt Ihnen das Problem? Oder ist es wunderbar, dass es kleiner und weniger wichtig wird? Lassen Sie Ihren Blick wandern. Lenken Sie Ihren Blick auf etwas anderes im Raum, auf etwas Leichtes und Schönes. Richten Sie Ihre ganze Aufmerksamkeit darauf. Merken Sie es? Das Problem verliert noch weiter an Macht. Sammeln Sie die Blätter wieder ein, und behalten Sie das freie Gefühl im Gedächtnis.

Der Sinn der Übung ist: Nimmt man nur einmal probeweise die Sichtweise eines anderen ein, kann man das Gefühl wahrnehmen, das dann auftaucht. Das mag den eigenen Knoten noch nicht lösen, aber es ist ein Anfang. Immerhin weiß man dann, wie es sich anfühlt, ohne dieses Problem zu sein.

In manchen Fällen reicht dieser einzige Augenblick der Erkenntnis schon aus, um einen ganzen Turm an Problemen in sich zusammenfallen zu lassen. Unsere Zeit hat einen entscheidenden Vorteil: Sie läuft schnell. Die Entwicklungen gehen rasant vonstatten. Nichts bleibt lange so, wie es ist. Das gilt auch für Probleme. Was früher über Generationen hinweg weitergegeben wurde, womit sich schon der Großvater plagte, dann der Vater und auch der Enkel, das kann nun innerhalb von relativ kurzer Zeit aufgelöst werden.

Gerade moderne Heilmethoden wie etwa die Quantenheilung setzen auf schnelle Veränderungen. Es ist der Geist unserer Zeit, der die sofortige Änderung fordert. Von jetzt auf gleich darf alles anders sein. Eine hartnäckige Blockade, die über Jahrzehnte hinweg einen Erfolg verhindert hat, kann sich innerhalb eines Momentes auflösen.

Aber nicht jeder ist offen für die Spontanheilung. Insbesondere unter den sensiblen Menschen gibt es einige, die trotz diverser Aha-Erlebnisse und Erkenntnisse hartnäckig an ihrem inneren Knoten festhalten. Nun könnte man sagen, dass sie sich an das Problem gewöhnt haben und sich schwer damit tun, es loszulassen. Doch ihnen jetzt Angst vor Lösung oder gar reine Sturheit zu unterstellen, würde ihrem Leiden nicht gerecht.

Für diese Menschen gibt es eine andere Methode, nämlich die der alten Zeit. Da ist es wie in der Natur: Es dauert eben, bis etwas wächst und gedeiht. Ein großer Baum entsteht auch nicht über Nacht. Selbst Gras braucht einige Tage, um sich aus einem Samenkorn zu entwickeln. Auch dauert es, bis ein Schuttberg wieder von Pflanzen und Insekten besiedelt wird. Die »Schutthalden« in uns brauchen ebenfalls Zeit, dann grünen sie auch wieder. Die Zeit heilt Wunden, die Zeit löst Probleme. Vielen unter den sehr sensiblen Wesen ist es wichtig, jedes Detail zu beachten und jede Facette zu heilen. Andere meinen, heute sei keine Zeit mehr, um lange an einer Problemlösung zu feilen. Zeit sei schließlich Mangelware, das müsse auch schneller gehen. Wünschenswert wäre das ja vielleicht.

Aber manchmal liegt die größte Würde darin, auch einer Lösung die Zeit zu geben, die sie eben braucht.

Man sollte sich dennoch für die Möglichkeit der Erkenntnis und einer sofortigen Veränderung öffnen. Denn wer weiß ...

Selbst zum Glück finden

Vielleicht haben Sie diese Erfahrung auch schon gemacht: Ein Freund steckt in Schwierigkeiten. Als sensibler Mensch können Sie sich wunderbar einfühlen. Sie spüren, wie es dem anderen geht und was er braucht. Sie sind von Ihrem Wesen her äußerst hilfsbereit. Sofort haben Sie eine zündende Idee, wie Ihrem Freund zu helfen ist, und teilen sie ihm begeistert mit. Doch er? Reagiert matt. Findet Argumente, warum Ihre Idee doch nicht umsetzbar ist.

»Gut«, denken Sie sich, »vielleicht ist er einfach schon zu traurig und zu niedergedrückt von seinen Schicksalsschlägen und hat deshalb keine Kraft mehr.« Sie machen sich auf, seine Gegenargumente aus dem Weg zu räumen und auch hierfür Lösungen zu finden. Ein richtiges Ping-Pong-Spiel kann daraus entstehen. Sie machen Vorschläge, er findet Gründe dagegen.

Die Freundschaft wird auf eine Belastungsprobe gestellt. Vielleicht zieht Ihr Freund sich von Ihnen zurück, weil er für eine Lösung (noch) nicht bereit ist. Oder Sie geben Ihre Bemühungen schließlich auf und wenden sich enttäuscht von ihm ab. Vielleicht sind Sie durch die ständige Zurückweisung so verletzt, dass Sie sogar aggressiv reagieren: »Dann soll er doch weiter unglücklich bleiben. Er will es ja nicht anders. Bestimmt genießt er es noch, im Mittelpunkt des Bedauerns zu stehen.« Und so weiter. Zwar ist Ihnen klar, dass das nicht die ganze Wahrheit sein kann, aber, so trösten Sie sich, ein Teil ist sicher richtig. Nun könnte man sagen, dass jeder eben seines Glückes Schmied ist. Und dieser Mensch will offenbar nicht, dass man ihm hilft.

Andere zu deren Glück zu zwingen ist einfach nicht möglich. Zu viele wohlmeinende Menschen haben sich daran schon die Zähne ausgebissen. Sie wollten helfen, beistehen und raten – doch trafen sie auf taube Ohren. Manche, so könnte man meinen, ziehen es offenbar vor zu leiden. Es scheint, als sei ihnen nicht zu helfen.

Doch wenn Sie wissen, was wirklich dahintersteckt, wenn ein lieber Mitmensch resistent gegen Hilfsangebote zu sein scheint, werden Sie nicht wieder sauer sein, wenn dieser Freund einen guten Rat ablehnt. Im Gegenteil, Sie werden aufhören, für ihn praktische Auswege zu suchen. Sie werden damit aufhören, sich selbst schlecht zu fühlen, weil Ihr Rat abgelehnt wurde. Aber Sie werden damit anfangen, ihm Liebe zu schicken.

Davon nämlich können wir ausgehen: Jeder Mensch will im Grunde seines Herzens in Harmonie und Frieden leben, diese Sehnsucht ist immer da. Will einer das nicht oder behauptet er, es nicht zu wollen, hat er es mit schwerwiegenden inneren Blockaden zutun. Manchmal sind diese so stark, dass er allein nicht dagegen ankommt. Eigentlich will er ja die Hindernisse überwinden, um dann in Frieden zu leben, aber es wirken unsichtbare Muster dagegen, die jedes Glück verhindern. Wie unüberwindbare Mauern stehen sie zwischen ihm und dem Glück. Es ist, als dürfe er es sich nicht erlauben, glücklich zu sein.

So wehrt er jeden Versuch ab, diese Blockaden und Mauern einzureißen. Schließlich dienen sie ihm auch als Schutz. Er kennt nichts anderes. Seine Blockaden sind sein »Gefängnis« – und dieses ist ihm vertraut, er hat sich daran gewöhnt. Hier kann er die Risiken abschätzen. Die Schwierigkeiten und Schmerzen sind ihm bekannt, damit kann er umgehen. Die Freiheit und das Neue, die außerhalb der ihm so vertrauten Mauer warten, sind durchaus verlockend. Aber wer weiß, was da für unbekannte Gefahren lauern! Also lieber im vertrauten Elend bleiben, unglücklich, leidend und meistens sehr verzweifelt. Die Enttäuschung seiner Mitmenschen darüber, dass er deren Hilfe nicht angenommen hat, wird er nicht empfinden. So sehr ist er in seinem eigenen Thema gefangen.

Mit praktischen Ratschlägen ist solch einem Menschen meist nicht geholfen. Was er braucht, ist Licht für seine Seele, ist Vertrauen und Liebe, ist Heilung. Dann kann er selbst sein Leben in die Hand nehmen und findet schon das, was ihm guttut und was ihm hilft.

Die Schwierigkeiten können ganz unterschiedlich gelagert sein. Wir alle haben für dieses Leben Aufgaben bekommen, mit denen Belastungen und Schwierigkeiten verbunden sind – unser Schicksal eben. Da hat jeder seine eigenen Muster, die ihn hindern, Glück, Fülle und Leichtigkeit zu leben. Sehen Sie selbst:

- Das Selbstwertgefühl kann torpediert sein. Man kann das Leben dann einfach nicht leicht und spielerisch angehen. Die Suche nach Anerkennung und Erfolg wird zu einem zermürbenden und oft aussichtslosen Unterfangen.

- Die Energie, die Lebenskraft, kann behindert sein. Das kann sich anfühlen, als würde man ständig gegen eine Wand laufen. Man würde gern etwas unternehmen, aber schafft es nicht, in die Gänge zu kommen. Und wenn man es doch schafft, agiert man gleich viel zu heftig. Ein gesundes Mittelmaß lässt sich schwer finden – wobei das genau die Aufgabe ist, die es zu bewältigen gilt.

- Das Vertrauen in die Liebe kann fehlen. Enttäuschungen reihen sich aneinander. Kein Wunder, dass die Ausstrahlung bald etwas Kühles, sogar Kaltes hat. Der Glaube an die Liebe droht verloren zu gehen. Dabei wäre es die Aufgabe zu vertrauen, auch wenn die Liebe nicht sichtbar ist. Meist können gerade diese Menschen sehr tiefe Liebe empfinden. Und zwar gerade weil es ihnen so schwer gemacht wurde, die Liebe zu finden. Wäre es einfach, wäre es so selbstverständlich, dass es ihnen nicht einmal auffallen würde.

- Die Seele kann belastet sein. Wie eine dunkle Wolke liegt dann eine schwere Last auf dem Gemüt. Depressionen sind fast immer die Folge. Oft werden sie nicht als solche erkannt und behandelt, weil der Betroffene seinen Zustand als normal empfindet. Normal aber ist es, sich leicht und heiter zu fühlen. Diese Seele hat die Schwere aus vielen düsteren Erfahrungen oder die Last vieler Generationen auf sich genommen. Aber nicht, wie sie meint, um darunter zu leiden, sondern, um sich davon zu befreien. Die Aufgabe ist es, die Wolkenschicht aufzulösen und Licht in die Seele zu bringen.

Mag sein, dass dies alles an sehr schlimmen Erfahrungen in früheren Leben liegt. Die Seele des Menschen hat damals gelernt, dass es schwierig, ja, gefährlich ist, etwas Bestimmtes zu können und zu wissen. Vielleicht wurden die Gesundheit und die Stärke desjenigen ausgenutzt, vielleicht wurde er wegen seiner Kenntnisse beneidet und zu Fall gebracht. Daraus hat er geschlussfolgert, dass es Unglück bringt, gesund und wissend zu sein.

Oder er hat seine Kraft und Macht falsch eingesetzt, hat dadurch anderen Menschen schwer geschadet. Als er zur Besinnung kam, hat er sich vorgenommen: »Ich will nie mehr stark und mächtig sein.« Anstatt sich vorzunehmen, nie mehr seine Macht zu missbrauchen.

Falls Sie sich mit der Vorstellung von mehreren Leben nicht anfreunden können: Vielleicht hat die Seele auch die Erinnerungen und Erfahrungen der Vorfahren aufgenommen. Von Generation zu Generation wurde die Angst vor dem Glück weitergegeben. Bis heute. Bis sich endlich einer dieser Angst annimmt und sie auflöst. Oder es handelt sich um eine Aufgabe, die nur dieses jetzige Leben mit sich bringt.

Wie auch immer: Jeder, der solche Blockaden in sich spürt, der immer wieder in dieselben Fallen tritt und sich wie in einem endlosen Kreislauf des Unglücks befindet, sollte einmal in Betracht ziehen, dass es sich um alte oder übernommene Muster handeln könnte. Und dass es seine Aufgabe sein könnte, diese Muster endlich zu beenden. Sonst läuft er Gefahr, diese erneut weiterzugeben.

Jede Aufgabe, und sei sie noch so schwer, lässt eine Seele reifen. Auch Belastungen und Blockaden, die die Seele zu erdrücken scheinen, sind dazu gemacht, damit wir uns davon befreien. Das braucht manchmal viel Zeit.

Als Außenstehender kann man den Reifeprozess vielleicht schon nicht mehr mit anschauen, doch für die Seele des Betroffenen ist er nötig. Als sensibler Mensch leiden Sie besonders mit, wenn einer Ihrer Lieben vor solche Aufgaben gestellt wird. Direkte Hilfe lehnt der Betroffene aber ab, das haben Sie ja auch schon versucht. Besser ist es, Sie machen das, was Sie als sensibler Menschen besser als andere können: Bitten Sie um göttlichen Schutz, und senden Sie ihm Liebe, Liebe und immer wieder Liebe.

Und wenn Sie selbst von solch hartnäckigen Blockaden und festsitzenden Unglücksmustern betroffen sind? Auch dann gilt: Lassen Sie die Liebe hineinfließen. Immer wieder Liebe. Manchmal ist eine Veränderung dann ganz plötzlich möglich.

Es mag über Jahrhunderte hinweg richtig gewesen sein, alles hinzunehmen. In der Astrologie lässt sich die jeweilige Grundhaltung der Menschen an den astrologischen Zeitaltern ablesen. Wie Sie wissen, haben wir das Fischezeitalter eben erst hinter uns gebracht. Astrologiekundige wissen auch: Die Fische mit ihrem Herrscherplaneten Neptun verstehen es zu leiden. Das rund 2000 Jahre dauernde Fischezeitalter hatte durchaus seinen Sinn. Diese Zeit aber ist vorbei. Jetzt ist das Wassermannzeitalter angebrochen.

Wir haben eine neue Zeit mit einer neuen Qualität. Neue Wege sind möglich.

Der neue Planetenherrscher heißt Uranus. Die Energie unserer neuen Zeit ist uranisch geworden. Das bedeutet: Alte, verkrustete Strukturen können über Nacht aufgebrochen werden. Plötzliche Veränderungen sind möglich – auch in Bezug auf lange währenden Kummer, auf alte Belastungen. Alles ist möglich.

Die Wirkung tritt schon ein, wenn Sie diesen Gedanken nur zulassen. Wenn Sie loslassen, statt festzuhalten. Verkrustete Strukturen brechen auf, die Lasten fallen ab, die Schwere weicht. Das Glück wartet nur darauf, den frei gewordenen Platz einzunehmen.

Projektionen – der Kampf mit sich selbst

Die meisten Menschen wehren sich dagegen, wenn es heißt, die anderen seien ein Spiegelbild ihrer selbst – insbesondere dann, wenn es sich um Menschen handelt, mit denen sich laufend ungute Zwischenfälle und Reibungen ergeben. Diejenigen tun ja genau das, was man selbst gewiss nicht tun würde, weil man gebildeter, weiter entwickelt oder erfahrener ist. Doch warum bewegen sie dann unser Inneres so heftig?

Gerade sensible Menschen fühlen sich durch das Tun anderer oftmals stark eingeschränkt. Jemand, der weniger sensibel ist, würde dann vielleicht klar sagen: »Hör damit auf!« Sensible Menschen jedoch können das nicht. Sie neigen dazu, ihren Ärger und Kummer in sich hineinzufressen und zu leiden. Doch ob man nun das, was einen stört, artikuliert oder schluckt – Tatsache ist, dass wir einander offensichtlich an die Grenzen bringen. Was steckt dahinter, wenn wir bestimmte Verhaltensweisen anderer Menschen nicht aushalten? Liegt es wirklich nur an denen?

Einleuchtend ist, dass eine Gemeinschaft bestimmte Regeln braucht, um funktionieren zu können. Daran kann sich jeder orientieren, der sich entschließt, in dieser Gemeinschaft zu leben. Grobe Verstöße wie rücksichtsloses Autofahren oder extrem laute Musik um drei Uhr nachts sind klar regelwidrig und werden so gut wie jeden stören. Wirklich jeden? Wann und warum treffen wir eigentlich auf solche »Störungen«? Und was ist mit den Dingen, die nicht eindeutig als »falsch« oder »richtig« einzuordnen sind?

Da ärgert sich der eine maßlos über etwas, was ein anderer entweder gar nicht wahrnimmt oder was ihm vielleicht sogar gefällt. Ein kleines Beispiel dazu: Stellen Sie sich eine Szene im Café vor. Der Herr am Nebentisch schlürft seinen Cappuccino. Für den einen ein Grund, sich den Appetit verderben zu lassen, weil für ihn das Schlürfen ein Zeichen von mangelnder Erziehung ist. Für den anderen ein Ausdruck des Genusses und Anlass, sich selbst eine Tasse Kaffee zu bestellen. Was ist es wirklich? Oder eine Szene in der U-Bahn: Ein offensichtlich fröhlicher Fahrgast summt ein Liedchen vor sich hin. Der eine freut sich über dessen Frohsinn und die willkommene Abwechslung, der andere ärgert sich über die Störung, weil er lieber seinen eigenen Gedanken nachhängen würde. Wer hat recht?

Wenn sich der eine von etwas nerven lässt, das dem anderen gefällt, dann kann nicht der Urheber etwas falsch oder richtig gemacht haben. Die Ursache, dass sein Tun der Auslöser für positive oder negative Reaktionen ist, muss woanders gesucht werden. Tatsache ist: Ein Ereignis ist an sich neutral. Doch es wird unterschiedlich bewertet. Der eine erlebt es als positiv, der andere fasst es als Angriff auf.

Eine Idee ist, einfach den Maßstab zu verschieben. Damit würde sich zwangsläufig die Einschätzung verändern, der Ärgerpegel würde sinken. Für leichte Störfälle ein guter Ansatz.

Aber was ist dann mit den Extremfällen? Interessanterweise haben es manche Menschen nämlich ständig mit den »harten« Fällen wie den zuvor erwähnten Ruhestörern und Rasern zu tun, während andere wiederum fast nie belästigt werden.

Auch unter den sensiblen Menschen gibt es nicht wenige, die sich häufig von anderen gestört fühlen, obwohl sie selbst ganz sicher niemanden nerven oder zur Last fallen möchten. Strahlen sie trotz ihrer Sanftmut etwas aus, das andere reizt? Durchaus möglich. Denken Sie an das Gesetz der Resonanz »Ich ziehe das an, was ich in mir trage« oder kurz gesagt »Wie innen, so außen«. Eine uralte Weisheit, die sich immer wieder bewahrheitet.

Wir bekommen also das präsentiert, was wir aussenden. Trotzdem finden wir Tausend Ausreden, wenn es darum geht, den Grund für unsere Ärgernisse in uns selbst zu suchen. In diesem speziellen Fall sei das ganz sicher alles anders. Wirklich? Eine Grundwahrheit kann doch wohl nicht einmal zutreffen und dann wieder nicht!

Vermutlich liegt das daran, dass es eine der schwersten Aufgaben ist, den eigenen Unzulänglichkeiten ins Auge zu sehen. Vielleicht deshalb, weil wir sie eben so gut vergraben haben, tief ins Unterbewusstsein verdrängt. Erheblich leichter fällt es, die Fehler bei anderen zu finden, mit dem Finger auf sie zu zeigen und zu sagen: »Ja, die, schaut euch die an, wie kann man nur ...« Sich selbst sieht man als sanften, friedliebenden Menschen.

Seien wir ehrlich zu uns selbst. Das ist unbedingte Voraussetzung, wenn wir mit dem Resonanzgesetz klarkommen wollen. Wer ständig mit aggressiven Menschen zu tun hat, obwohl er sich selbst für sanft und friedlich hält und fürchterlich unter der Angriffslust der anderen leidet, hat irgendwo tief in sich eine gewaltige Portion Aggressivität vergraben, will dies aber nicht sehen. Vielleicht weil seine Eltern ihm beigebracht haben, dass Wut schlecht sei, vielleicht weil er negative Erfahrungen gemacht hat, als er seine Wut gezeigt hat. Jetzt jedenfalls lässt er sie von anderen ausleben. Er ärgert sich oder leidet, immer aber lebt er in der Illusion, es handle sich um ein Problem der anderen und er selbst habe damit nichts zu tun.

Eine übliche, aber nicht hilfreiche Verhaltensweise vieler Menschen ist, die eigenen, nicht gelebten Anlagen auf andere zu projizieren. Auch sensible Menschen sind davon nicht ausgenommen. Insbesondere der Partner muss häufig als Zielscheibe herhalten. Sie werfen ihm zum Beispiel vor, dass er zu wenig Zeit habe, unzuverlässig oder unordentlich sei. Sie kommen nicht auf die Idee, dass es kein Zufall ist, dass sie gerade auf diesen Menschen getroffen sind. Denn er führt ihnen bestimmte Dinge vor Augen, Eigenschaften nämlich, die in ihnen selbst liegen. Weil diese sie so sehr stören, haben sie auch mit ihnen zu tun. Man spürt eine Resonanz eben nur bei etwas, was man kennt und in sich selbst trägt.

Wenn Sie ein Ordnungsfanatiker sind, Ihr Partner aber immer und überall alles liegen lässt, dann führt dies früher oder später zu Konflikten. Stört es ihn, dass Sie so ordentlich sind? Dann hat er etwas von Ihnen zu lernen, zum Beispiel, dass man ohne Ordnung im Chaos ersticken würde. Stört es Sie, dass er so schlampig ist? Dann haben Sie etwas von ihm zu lernen, nämlich dass es wichtig ist, auch mal alle fünfe gerade sein zu lassen, oder dass eine Wohnung kein Ausstellungsraum ist. Jeder von beiden wird so lange ein Extrem ausleben und damit für Zündstoff sorgen, bis das Thema Ordnung für beide Seiten zufriedenstellend geklärt ist.

Oder denken Sie an einen Autofahrer, der rücksichtslos überholt, sodass Sie nur mit knapper Mühe an der Leitplanke vorbeischrammen. Ihre Wut wäre verständlich, würde aber nichts ändern. Sollen Sie die Emotionen hinunterschlucken und gar versuchen, den Raser zu verstehen? Das kann es auch nicht sein. Aber fährt der andere langsamer, weil Sie schimpfen oder sich einfühlsam zeigen? Wohl kaum, denn er weiß nichts von Ihrem Zustand, es interessiert ihn auch nicht. Der richtige Ansatz ist zu überlegen, wo in Ihnen die Aggression versteckt ist. Woran haben Sie gerade gedacht, als Ihnen der Beinaheunfall passiert ist? Waren es nicht doch ein paar biestige, trübe Gedanken? Von wem fühlen Sie sich in Wahrheit behindert, ausgebremst, überholt?

Besonders krass ist es, wenn uns etwas zutiefst trifft, und zwar in einem der verborgenen Winkel unseres Inneren. Etwa, wenn uns jemand einen Hang zu Neid, Gier oder gar Gewalt vorwirft. Dann nämlich sind wir so felsenfest davon überzeugt, dass dem nicht so ist, dass wir jeden Gedanken daran, dass da ja doch etwas dran sein könnte, vehement abblocken. Da müssen wir uns doch fragen, ob wir unsere eigenen Dämonen vielleicht noch nicht gesichtet haben.

Fragen Sie sich immer dann, wenn Sie auf etwas treffen, das Sie ablehnen, das Sie wütend macht, das Sie aufregt: »Worüber ärgere ich mich wirklich?«

Gestehen Sie es sich zu, dass Sie sich über andere ärgern. Schlucken Sie Ihren Ärger nicht aus Angst vor starken negativen Gefühlen oder vor einem Streit hinunter. Sie sind empfindsam genug, um sowieso nicht alles auszuleben, was Sie an Wut und Groll in sich tragen. Aber anschauen sollten Sie es sich unbedingt!

Klar, wo viel Licht ist, fällt auch viel Schatten. Aber wenn Sie das Licht in sich heller und größer werden lassen wollen, müssen Sie den Schatten annehmen, nicht vor ihm die Augen verschließen und die Verantwortung für ihn anderen zuschieben.

Auch wenn wir nur zu gerne bestimmte Merkmale in anderen suchen und finden, so tragen wir sie doch im Kern in uns selbst. Ob wir das nun wahrhaben wollen oder nicht.

Keine Frage, dass sich ein reifer Mensch nicht damit zufriedengeben wird, die Erfüllung und die Ergänzung seiner Persönlichkeit in einem anderen Menschen zu finden. Er will selbst komplett sein. Doch der Weg dahin ist steinig. Anfangs brauchen wir auf unserem Entwicklungsweg die anderen Menschen als Spiegelbilder. Uns selbst können wir nicht so gut wahrnehmen, die anderen hingegen haben wir immer vor Augen. Sie sind unsere besten Lehrmeister.

Wir werden so lange über andere Menschen mit unseren eigenen Schwächen konfrontiert und lehnen diese Menschen so lange ab, wie wir diese Schwächen in uns selbst verleugnen. Das Vertrackte daran ist: In uns selbst sind sie nicht haargenau so ausgebildet wie in unserem Gegenüber, sondern eine Nuance anders. Und schon haben wir den besten Grund zu sagen, bei uns sei das ganz anders und gar nicht miteinander zu vergleichen.

Ihre Sensibilität ist hier wieder ein großer Vorteil, denn sie macht Sie scharfsinnig. Beobachten Sie sich, und mit der Zeit kommen Sie sich immer mehr auf die Schliche. Sie brauchen sich nicht mehr so viel über andere zu ärgern, über deren »unmögliches« Verhalten nachzugrübeln, sich nicht mehr die Laune verderben zu lassen. Sie können weise darüber lächeln, während Sie sich selbst an die eigene Nase fassen und sich weiterentwickeln. Vorwürfe können Sie sich und anderen dabei ersparen. Wir gehen alle einen Weg des Lernens. Sie müssen auch nicht alle Menschen verstehen und ihnen alles verzeihen wollen. Es reicht, wenn Sie sich selbst verstehen.

Mit extremen Störfällen werden Sie auf diesem neuen Weg wesentlich seltener konfrontiert, weil Sie Ihre Schattenseiten akzeptieren. Sie brauchen einfach nichts mehr über andere Menschen auszuleben, weder Aggressionen noch Ängste. Da es ja ein Naturgesetz ist, dass man immer das anzieht, was man selbst in sich trägt, werden Sie in Zukunft immer weniger nervige Menschen anziehen, wenn Sie die Störfaktoren bei sich selbst beseitigt haben.

Übung »Den Blick schärfen«:

Übung:

Machen Sie den ersten Schritt, um sich selbst auf die Spur zu kommen: Beobachten Sie ganz bewusst störende Verhaltensweisen an anderen Menschen. Bei anderen fällt es schließlich schon aus reiner Gewohnheit leichter zu erkennen, wo der Hund begraben liegt, als wenn man gleich bei sich selbst suchen würde. Wenn Sie darin geübt sind, mit kritischem Blick durch die Welt zu gehen, dürfen Sie aber nicht Schritt zwei vergessen, sich selbst aufs Korn zu nehmen. Fragen Sie sich, was Ihre Erlebnisse mit Ihnen selbst zu tun haben, und lassen Sie keine Ausreden gelten. Fangen Sie nicht damit an, sich zu beruhigen, bei Ihnen würde das Naturgesetz nicht gelten, Sie wären ein besonderer Fall. Suchen Sie in Ihren Tiefen. Seien Sie hartnäckig. Wenn Sie die betreffende Eigenschaft in sich gefunden haben, können Sie sie ändern.

Wenn Sie das Verhalten von anderen Menschen doch wieder einmal besonders hart trifft, warten Sie eine Weile, bis Sie anfangen zu üben. Gönnen Sie sich einen zeitlichen Abstand, und graben Sie erst dann in Ihrem persönlichen Keller, in Ihrem Unterbewusstsein, wenn Ihr Gemüt sich nach dem Vorfall wieder beruhigt hat.

Es ist kein Zufall, wenn Sie etwas maßlos ärgert, wenn ein bestimmtes Ereignis eintritt oder wenn bestimmte Menschen auf Sie zukommen, dessen können Sie sich gewiss sein. So, wie der See den Himmel spiegelt, ist das, was Ihnen in der Welt begegnet, ein getreues Abbild Ihres Innenlebens. Solange Sie ein spezielles Thema nicht in sich selbst gelöst haben, solange werden Sie auf die gleichen Typen von Menschen treffen und sich immer wieder mit ähnlichen Situationen auseinandersetzen müssen. Mit der Zeit werden Sie die Zusammenhänge immer schneller erkennen. Und Sie werden in Zukunft deutlich mehr Freude als Ärger erleben – denn das strahlen Sie nun aus.

Das sind doch lohnende Aussichten, die ein wenig Selbsterkenntnis wert sind. Beobachten Sie, wenn Sie sich persönlich verändern, wie sich auch die Menschen in Ihrer Umgebung verändern. Wenn Sie sich mit Ihren Schattenseiten versöhnt haben, können andere Ihrer Wesensanteile stärker zum Vorschein kommen. Und auch hierin spiegeln sich die anderen. Plötzlich verschwinden einige anstrengende Bekannte aus Ihrem Umfeld. Manchmal ohne Streit, es ergibt sich einfach so. Andere Menschen kommen auf Sie zu, vielleicht tauchen auch Freunde aus alten Zeiten wieder auf. Es können fröhliche Menschen sein, Menschen, die gelassen sind, verständnisvoll, lustig, hilfsbereit, vielseitig interessiert, spirituell entwickelt. Jetzt wissen Sie: Sie finden das in anderen, was auch in Ihnen selbst verborgen ist. Das kann etwas sehr Gutes sein. Und falls Sie etwas stört, wissen Sie, wo Sie anfangen müssen zu suchen – bei sich selbst.

Ja oder Nein?

Wie schätzen Sie sich selbst ein: Sind Sie eher ein Jasager oder ein Neinsager? Als Jasager gilt, wer zu allem Ja und Amen sagt, ungeachtet seiner eigenen Meinung. Auf den ersten Blick kommt er leichter durchs Leben. Doch mit seinem Selbstwert ist es nicht weit her. Oft fühlt er sich als Verlierer. Ein notorischer Neinsager hat eine rebellische Ader, wenn er auch nicht immer klug handelt. Auch sagt er nicht immer seine persönliche Meinung, oftmals ist er nur aus Prinzip oder aus Gewohnheit »dagegen«. Sein Selbstwert ist ebenfalls angegriffen, denn auch eine ständige Antihaltung zermürbt.

Sensiblen Menschen fällt es meist schwer, Nein zu sagen. Lieber erfinden sie Ausflüchte, statt klar abzulehnen. Das Ablehnen müssen sie üben. Sollten sie sich jedoch das Neinsagen zur Gewohnheit gemacht haben, gilt es, das Zustimmen zu trainieren.

Eine starke Persönlichkeit hat, wer seine eigene Meinung klar und freundlich äußert, wer zur rechten Zeit Ja und zur rechten Zeit Nein sagen kann.

Stellen Sie sich folgende Szene vor: Es ist Sommer. Ein Freund bittet Sie um einen Gefallen. Er baut gerade ein Gartenhäuschen und ruft Sie an, um zu fragen, ob Sie ihm helfen würden. Sie haben aber Urlaub und nicht die geringste Lust, sich jetzt körperlich zu betätigen. Viel lieber sitzen Sie im Garten und schauen sich mit einem Glas Wein in der Hand den Sonnenuntergang an.

Wie reagieren Sie, was sagen Sie? Können Sie einfach so Nein sagen? Können Sie zugeben, dass Sie jetzt in diesem Moment einfach nichts tun wollen? Oder suchen Sie Ausflüchte? Schieben Sie wichtige Termine vor? Arztbesuche kommen da immer gut, die gelten selbst im Urlaub. Sie könnten auch erzählen, dass Sie zugesagt haben, dem Schwiegervater zu helfen. Auch das klingt höchst ehrenwert.

Den Anrufer sind Sie los, ein leicht ungutes Gefühl bleibt aber zurück. Denn immerhin haben Sie Ihren Freund angeflunkert. Und wenn dieser ein feinfühliger Mensch ist, weiß er das auch. Sein Unterbewusstsein weiß es auf jeden Fall. Vor allem aber: Sie selbst wissen es.

Und warum handeln Sie so? Zum einen vermutlich, weil Sie nicht als egoistisch gelten und Sie Diskussionen vermeiden wollen. Zum anderen, weil Sie Ihren Freund nicht enttäuschen wollen. Ein klares Nein würde er nicht verstehen, so gut glauben Sie, ihn zu kennen. Enttäuscht haben Sie ihn aber trotzdem, denn die Tatsache bleibt, dass er sein Gartenhäuschen ohne Sie aufbauen muss. Das ungute Gefühl, das auf beiden Seiten besteht, verstärkt sich. Vielleicht so sehr, dass Sie zwar jetzt Ihre Ruhe haben, aber an Ihrem Wein und dem Sonnenuntergang die Freude verloren haben.

Stellen Sie sich den Vorgang umgekehrt vor. Sie selbst brauchen Unterstützung und bitten einen Freund um seine Hilfe, doch dieser lehnt ab. Wie würde es Ihnen dabei gehen? Wäre das wirklich so schlimm? Würden Sie das verkraften? Ja, warum eigentlich nicht? Wir sind doch alle Menschen. Wir alle haben den Wunsch, uns zu erholen, auszuspannen, Urlaub zu machen. Das ist weder verwerflich noch verboten. Vielleicht wäre es sogar entspannend, die Wahrheit zu hören?

Nun gibt es doch tatsächlich Menschen, die sagen frei heraus, was sie denken und wollen. Die geben zu: »Nein, tut mir leid, heute geht es nicht. Heute ist mein Ruhetag.« Oder so: »Das ist gerade der falsche Zeitpunkt, sorry. Diesen Abend/dieses Wochenende/diese Urlaubswoche halte ich mir frei zum Nichtstun.«

Sie entschuldigen sich nicht dafür, dass sie nichts tun. Sie weisen nicht extra darauf hin, dass sie das ganze restliche Jahr über schwer arbeiten und jetzt unbedingt einmal eine Auszeit brauchen. Sie laufen auch nicht mit einem verkrampften Gesichtsausdruck herum wie kurz vor einem Nervenzusammenbruch, damit alle sehen, wie dringend sie der Erholung bedürfen.

Nein, sie gehen auch noch lächelnd und entspannt ihrer Wege. Vielleicht sitzen sie auch noch, während andere immer hektischer agieren, gemütlich im Liegestuhl, mit einem Glas Wein in der Hand. Wie provokant! Nun, provokant mag es sein, gesünder ist es auf alle Fälle. Wenn Sie selbst sich nicht um Ihr Wohlbefinden und Ihre Erholung kümmern, wer sollte es dann tun? Der Arzt, wenn es zu spät ist?

Erinnern Sie sich noch einmal daran: Die Worte »Wert« und »Würde« haben denselben Sprachstamm. Ohne Selbstwert keine Würde. Ohne Werte keine Würde. Wenn es Ihnen nicht möglich ist, Nein zu sagen bzw. Ihre Meinung klar zu äußern, kann das Ihren Selbstwert und damit Ihre Würde belasten. Schon die leiseste Andeutung von Kritik kann Sie aus der Bahn werfen. Sie sind weich, nachgiebig und sehr dünnhäutig. Zudem neigen Sie dazu, alles persönlich zu nehmen. Und das unterstellen Sie auch Ihrem Gegenüber. Sie haben das Gefühl, dass Sie mit einem Nein nicht nur sein Anliegen, sondern auch den Menschen selbst ablehnen würden. Denn Sie selbst fühlen sich ebenfalls durch ein Nein abgelehnt.

Was meinen Sie: Stecken Verlustängste dahinter? Befürchten Sie, Ihre Freunde zu verlieren, wenn Sie zu ihnen Nein sagen würden? Das kommt auf einen Versuch an. Auf »Freunde«, die Sie ausschließlich zum Arbeiten brauchen, können Sie vermutlich gut verzichten. Außerdem bedeutet es nicht, wenn Sie einmal Nein sagen, dass Sie immer ablehnen. Ein anderes Mal werden Sie sicherlich zur Stelle sein und mit anpacken. Aber eben nicht immer und jederzeit.

Die wirklich guten Freunde werden Sie verstehen – und es vielleicht sogar in Zukunft genauso machen. Was glauben Sie, wie entspannt das Zusammensein wird, wenn alle klar Ja oder Nein sagen. Dann weiß jeder, woran er ist.

Noch ein Tipp:
Ziehen Sie himmlische Helfer hinzu. Bereiten Sie ein Treffen mit Ihren Diskussionspartnern stets auch auf der energetischen Ebene vor. Das funktioniert immer – ob mit Freunden, denen Sie endlich reinen Wein einschenken wollen, mit der Familie, mit der Sie noch ein Hühnchen zu rupfen haben, oder auch mit Kollegen und Geschäftspartnern, mit denen Sie wichtige Verhandlungen führen müssen.

Übung »Himmlische Helfer«:

Übung:

Beginnen Sie damit, dass Sie sich verwurzeln und sich geistig schützen, indem Sie eine Verbindung zur Erde und zum Himmel aufbauen. Das macht stark. Sie sind dann viel weniger angreifbar und wanken nicht sofort beim geringsten Gegenwind. Stellen Sie sich dazu so hin, dass Sie einen festen Stand haben. Stellen Sie sich vor, wie Wurzeln aus Ihren Füßen tief in den Boden hineinwachsen. Dann lassen Sie vom Himmel einen Lichtstrom auf sich herabfließen. Nun ziehen Sie himmlische Helfer zurate. Bitten Sie Ihren Schutzengel, Kontakt zu dem Schutzengel Ihres Freundes, Partners, Nachbarn, Kollegen oder Chefs aufzunehmen. Bitten Sie Ihren Engel, Ihre Posi-

tion schon einmal im Vorfeld zu übermitteln. Auf der Seelenebene ist das möglich. Auf dieser Ebene finden Sie immer Verständnis. Bitten Sie außerdem darum, dass die Engel während der eigentlichen Gesprächssituation schützend anwesend sind. Bedanken Sie sich bei den himmlischen Helfern für Ihre Unterstützung, bevor Sie wieder in Ihre Wirklichkeit zurückkehren.

Sie werden sich wundern, wie glatt ab jetzt Ihre Gespräche verlaufen werden. Scheinbar wie durch Zauberhand haben plötzlich alle Beteiligten Verständnis füreinander und streben Win-win-Lösungen an. Gehen Sie ruhig davon aus, dass auch die anderen gern in Frieden leben wollen – mit Ihnen als Freund, als Partner, als Nachbar, als Chef oder als Mitarbeiter. So brauchen Sie keine Scheu mehr zu haben, Ihre Meinung zu sagen, auch wenn ein Nein darin enthalten ist.

Mit Zuneigung und Ablehnung haben das Jasagen und das Neinsagen also nichts zu tun. Ein Ja bedeutet nicht: »Ich mag dich«. Ein Nein bedeutet nicht: »Ich kann dich nicht leiden.« Das verwechseln viele.

Voraussetzung, um diese Bereich trennen zu können, ist ein stabiles Selbstbewusstsein. Der geringste Zweifel steht Ihnen nämlich auf der Stirn geschrieben. Wenn Sie Nein sagen, aber dabei denken »Darf ich das?« oder »Steht mir das überhaupt zu?«, dann nehmen die anderen genau diese Botschaft wahr. Ihr Nein jedoch geht unter. Sie werden überhäuft mit Vorwürfen – die im Grunde nur Ihre eigenen Zweifel widerspiegeln. Das heißt, Sie müssen mit sich selbst im Reinen sein. Sie müssen glauben, was Sie sagen. Dann werden es die anderen auch glauben. Aber nur dann!

Den Selbstwert aufbauen

Menschen mit einem schwachen Selbstwertgefühl sind leicht beeinflussbar und lenkbar. Mit ihnen lassen sich lukrative Geschäfte machen. Sie sind empfänglich für Versprechungen aller Art. Mit ausgetüftelten Strategien macht es sich die Werbeindustrie zunutze, dass ein schwaches Selbstbewusstsein ein weitverbreitetes Übel ist. Menschen keines Alters, keiner Gesellschaftsschicht sind davon ausgenommen. Sensible Menschen haben nur so lange ein schwaches Selbstwertgefühl, bis ihnen ihre Sensibilität bewusst ist und sie gelernt haben, damit umzugehen. Bis dahin neigen sie dazu, in alle möglichen Fallen der Werbeindustrie zu laufen. Wenn sie jedoch an ihrer persönlichen Entwicklung arbeiten, werden sie mit der Zeit immer unabhängiger und selbstbewusster.

Vielleicht kennen Sie solche Verhaltensweisen aus Ihrer persönlichen Geschichte: Wenn die innere Stabilität fehlt, dann sucht man eben im Außen Verankerungen, die einem Halt geben. Ein stets perfektes Styling, ein angesagtes Label bei Kleidung und Schuhen oder das »richtige« Auto sind übliche Mittel, um sich Halt zu verschaffen.

Besonders belastbar sind diese »Stützen« jedoch nicht. Denn Stützen von außen haben den großen Nachteil, dass sie nicht zu uns gehören. Gerade bei solchen Dingen wie Haus, Auto, Schmuck und schöne Kleidung meinen viele Menschen, sie seien ein Teil von ihnen. Doch das ist ein Trugschluss. Dinge sind nie ein Teil von uns. Sie begleiten uns eine Zeit lang, aber sie machen unser Wesen nicht aus. Die Stabilität, die durch sie vermittelt wird, ist nur vorgegaukelt. Wenn sie wegfallen, ist man der, der man war – unsicher, zweifelnd, ängstlich. Das ist das Gefährliche daran, wenn der Selbstwert mithilfe von Äußerlichkeiten aufgebaut und gestützt wird. Fehlen diese, ist man hilflos. Man fühlt sich ruiniert, wertlos, ungerecht behandelt, unglücklich.

Ein Selbstwertgefühl jedoch, das auf innerer Stärke beruht, ist gegen die Stürme des Lebens gefeit. Natürlich kann es auch hier einmal Zeiten des Zweifels und der Unsicherheit geben. Aber wenn die Basis gesund ist, sind solche Phasen nur vorübergehend.

Entscheidend ist das Bewusstsein. Wer eine Gefahr kennt, kann ihr begegnen. Wenn Sie wissen, worin Ihre Schwäche besteht, können Sie damit umgehen. Manchmal reicht ein Funke, es reicht zu erkennen: »Ja, so bin ich. Das ist meine schwache Seite.« Ohne zu bewerten, ob das gut oder schlecht ist. Einfach erkennen. Beim nächsten Angriff auf Ihr Selbstwertgefühl blitzt diese Erkenntnis wieder auf: »Da ist sie wieder, diese Schwäche, dieses alte Muster, das mir schon so oft geschadet und mich behindert hat.« Sie können sich jedes Mal wieder dafür entscheiden, nun nicht mehr dieses Muster zu leben. Diesmal nicht. Nächstes Mal auch nicht. So lange, bis die neue Art und Weise, zu denken und zu handeln, ins Unterbewusstsein abgesackt ist und Sie automatisch anders reagieren.

Um herauszufinden, was Ihnen guttut und was Ihnen schadet, sollten Sie unbedingt auf Ihr Gefühl achten. Das ist Ihr großes Potenzial als sensibler Mensch – und zwar egal, wie es aktuell um Ihren Selbstwert bestellt ist. Ihr intensives Fühlen, das haben Sie! Fragen Sie sich: »Wie geht es mir?« Überlegen Sie, wie Sie sich nach der Begegnung mit einem bestimmten Menschen fühlen. Wie fühlen Sie sich nach einem Telefonat, nach einem bestimmten Erlebnis? Geht es Ihnen gut, ist alles in Ordnung. Fühlen Sie sich schwach, müde oder lustlos, sind

Sie wütend, ärgerlich oder traurig, dann haben Sie sich beeinflussen lassen. Sie haben zu viel eigene Energie abgegeben und sich selbst infrage gestellt.

Jetzt gilt es, rasch wieder zu sich selbst zu finden und die eigene Stärke wieder zu spüren. Ein einfaches Training kann Ihnen dabei helfen, Ihre Stabilität wiederzuerlangen:

Übung »Stabiler Punkt«:

Übung:

Stellen Sie sich mit beiden Beinen auf den Boden. Stehen Sie fest. Atmen Sie tief und gleichmäßig. Zählen Sie in Gedanken beim Einatmen bis drei und bis drei beim Ausatmen. So lange, bis Ihr Atem gleichmäßig fließt. Verlängern Sie dann das Ausatmen etwas – das entspannt augenblicklich.
Suchen Sie sich jetzt eine Stelle an Ihrem Körper, wo Sie Stabilität fühlen können. Vielleicht ist diese Stelle an Ihren Fußsohlen, wo der Kontakt zur Erde besteht. Vielleicht ist diese Stelle in Ihrer Körpermitte, vielleicht in Ihrem Herzen. Fühlen Sie dorthin. Konzentrieren Sie sich auf diese Stelle. Lassen Sie ihr Aufmerksamkeit und Energie zufließen. Spüren Sie, welche Kraft von hier ausgeht. Lassen Sie diesen Kraftfluss sich langsam ausbreiten, wie eine Welle, die Ihren gesamten Körper durchströmt, bis in die Hände, die Fingerspitzen, bis in die Füße und über den Kopf. Füllen Sie Ihren Körper und Ihre Aura mit dieser, mit Ihrer Kraft. Fühlen Sie Ihre Stabilität.

Solch eine Übung wirkt sehr tief greifend und reicht oftmals schon aus, um ein altes Muster auszuhebeln und mehr Stabilität zu gewinnen. Manche Menschen aber reagieren stärker darauf, wenn sie einen neu gefassten Vorsatz intensiv wiederholen. Damit lässt sich die Wirkung noch einmal vertiefen und festigen. Eine alte Regel besagt, dass 21 Tage nötig sind, um eine neue Gewohnheit im Unterbewusstsein zu verankern. Das heißt, Sie wiederholen das neu Erlernte 21 Tage lang täglich ganz bewusst. Danach hat sich das Wissen in allen Seinsebenen verankert und wirkt automatisch.

Mittlerweile ist es Gehirnforschern gelungen, unsere Denkmuster sichtbar zu machen. Wie breite Straßen sehen die Nervenbahnen im Gehirn aus, die wir häufig benutzen, wie schmale Pfade hingegen diejenigen, die neu sind oder selten benutzt werden. Das heißt, dass sich das Denken tatsächlich trainieren lässt. Was wir oft wiederholen, wird sichtbar stärker.

In dieser Zeit kann es Rückschläge oder Phasen des Zweifelns geben. Aber zu wissen, dass es nur drei Wochen sind, die man durchhalten muss, hält die Disziplin aufrecht. Dadurch ist es auch recht einfach, unbeirrt weiterzumachen. Das Nachdenken und Urteilen über Sinn und Unsinn der Übung wird konsequent auf später verschoben. »Später« ist in drei Wochen. Und dann ist das neue und hilfreiche Muster sowieso integriert.

Die 21-tägige Übungszeit hat sich bewährt. Doch vergessen Sie nicht: In manchen Fällen genügt bereits ein einziger Augenblick der Erkenntnis. Und schon ist alles anders.

Das eigene Wesen lässt sich nicht ändern. Die Art und Weise, wie man damit lebt, aber schon. Ein Mensch, der immer schon sehr zurückhaltend war, wird sich nicht zum aggressiven Kämpfer entwickeln oder zu einem unüberlegt Handelnden. Aber er kann mutiger werden und lernen, seine Meinung fest und bestimmt zu vertreten. Aus einem gehemmten und geizigen Menschen wird kein Prahler und Verschwender werden. Aber er kann lernen, Hemmungen und Geiz zu überwinden. Er wird vielleicht stärker auf Qualität achten und mehr genießen. Seinen Wert wird er nicht mehr von Dingen abhängig machen.

Werden die Anlagen weise genutzt, lässt sich sogar Kraft daraus ziehen. Die Seele ist frei.

Sympathien wecken

Der erste Eindruck entscheidet darüber, ob sich eine freundliche oder konfliktbeladene Beziehung aus einer Begegnung entwickelt. Schon wenige Sekunden genügen, um zu entscheiden, ob wir einen Menschen sympathisch finden oder ob wir ihn ablehnen. Diese Entscheidung findet im Unterbewusstsein statt, dennoch können wir etwas dafür tun, sympathisch statt verkniffen zu wirken.

»Mögen mich die anderen, bin ich beliebt, komme ich an?«, das fragen sich viele Menschen etwas unsicher. Sensibel veranlagte Menschen stellen sich solche Fragen häufiger als andere. Da sie es sehr direkt und unmittelbar spüren, wenn sie abgelehnt werden, und sie darunter leiden, versuchen sie alles Mögliche, um bei anderen »anzukommen«.

Besser jedoch wäre es, sie würden stattdessen ihr Selbstwertgefühl stärken. Das würde ihrer Ausstrahlung zugutekommen, und sie würden als Persönlichkeit überzeugender wirken. Wer seine Talente lebt und seine Stärken bewusst fördert, wird insgesamt zufriedener, kommt in Harmonie mit sich selbst – und findet leichter Freunde.

Es kann doch kein Zufall sein, dass einige Menschen die Herzen anderer im Sturm erobern, während sich andere jahrelang als Mauerblümchen herumdrücken. Manche scheinen diese faszinierende Ausstrahlung von Geburt an zu haben. Andere müssen etwas dafür tun, müssen sich bewusst locker und fröhlich stimmen. Es gibt eine ganze Reihe an Methoden, die uns helfen können, Sympathie in anderen Menschen zu wecken. Sie reichen von einem bewussten Umgang mit den eigenen Launen über Grimassen vor dem Spiegel bis hin zu einem umfangreichen Persönlichkeitstraining.

Solche Übungen machen vor allem dann Sinn, wenn es um die allgemeine Wirkung und Ausstrahlung geht. Die gesellschaftlichen Kontakte können dadurch sehr gut erweitert werden. Ein sicheres und gewandtes Auftreten erleichtert das Kennenlernen neuer Leute, vereinfacht den Umgang mit Bekannten und bringt auch im Berufsleben nur Vorteile.

Problematisch wird es, wenn es sich um einen einzelnen Menschen handelt, den Sie für sich gewinnen wollen, nach dem Motto »Du und kein anderer!«. Verlieben Sie sich beispielsweise in einen Menschen, der offensichtlich kein Interesse an Ihnen zeigt, dann sollten Sie dessen Haltung unbedingt respektieren. Alles, was erzwungen wird, kann nicht gut sein. Umgekehrt würde es Ihnen auch nicht gefallen, wenn jemand Ihre Gefühle nicht respektieren würde.

Vielleicht lassen Sie sich gelegentlich zu etwas überreden, was Sie eigentlich nicht wollten. Ihre Seele aber nicht, diese wird Sie immer an Ihren eigentlichen, besten Weg erinnern. Seien Sie vorsichtig mit magischen Praktiken, mit denen die Liebe erzwungen werden soll. Nicht, dass sie nicht funktionieren würden. Magie ist mächtig. Magie wirkt. Aber: Nicht alles, was möglich ist, ist auch ratsam und richtig. Man muss nicht alles tun, was man tun könnte. Man darf auch Dinge sein lassen, wenn man ein reines Gewissen behalten will. Die Grenze ist eindeutig da, wo unser Handeln die Freiheit eines anderen Menschen beschneiden würde. Selbst wenn wir uns nichts sehnlicher wünschen könnten, als gerade mit diesem einen Menschen zusammen zu sein.

Lassen Sie es. Machen Sie sich frei von Fixierungen. Alles, was zwanghaft ist, bringt letztlich nur Leid hervor. Und Angst, denn man läuft immer Gefahr, das, was einem nicht rechtmäßig zusteht, was mit unlauteren Mitteln erworben wurde, zu verlieren, da es stets zu seiner wahren Bestimmung zurückstrebt. Die Angst, dass der Geliebte davonläuft, sobald er aus dem eigenen Einflussbereich gerät, bleibt immer bestehen.

Besser also gleich auf die freiwillige Gunst eines anderen Menschen warten. Wahrhafte Liebe ist immer ein Geschenk. Und auch Zuneigung ist eine freiwillige Gabe. Jeder hat das Recht, Nein zu sagen. Sie müssen den Betreffenden dann ziehen lassen. Immerhin wissen Sie jetzt, woran Sie mit ihm sind, und vergeuden keine Zeit damit, vergebens zu warten.

Dies gilt natürlich auch für den Freundeskreis. Auch da gibt es Menschen, die zwanghaft versuchen, andere an sich zu binden. Die ständig anrufen, auf regelmäßige Treffen drängen, feste Termine vereinbaren wollen oder Einladungen und Gegeneinladungen aufzwingen. Klar, Freundschaften wollen gepflegt werden. Aber wenn sich ein netter, natürlicher Kontakt nicht von selbst ergibt, dann sollten Sie nicht verbissen daran festhalten.

Sensible Menschen neigen zwar in der Regel dazu, die passive Rolle in Freundschaftsbeziehungen einzunehmen. Manchmal aber entdecken sie eine Seelenverwandtschaft und können dann richtig hartnäckig werden. Solange beide die innere Verbindung spüren, ist das in Ordnung. Falls der andere aber nicht oder noch nicht offen ist, darf er nicht zur Freundschaft gedrängt werden.

Wenn sich andere viel weniger um Sie bemühen als umgekehrt, müssen Sie das nicht als Abfuhr werten und deshalb beleidigt sein. Vielleicht haben die wirklich gerade etwas anderes im Kopf oder sind einfach gern allein.

Lernen Sie, damit umzugehen, dass niemand von allen geliebt wird, dass es immer Menschen geben wird, die einen ablehnen. Suchen Sie gelassen weiter. Irgendwann treffen Sie auf echte Seelenfreunde, auf Menschen, die offen und bereit für Sie sind. Je ruhiger Sie das Ganze angehen umso eher.

Versuchen Sie nicht, so zu werden, wie andere Sie gerne hätten. Eifern Sie auch nicht einem Vorbild nach. Dann wären Sie ja nur der Abklatsch eines anderen und womöglich weit entfernt von sich selbst. Entwickeln Sie Ihre eigene Persönlichkeit. Seien Sie ganz Sie selbst.

Ihre Talente zu leben macht Sie stark. Ihre Ausstrahlung wächst, je mehr Sie sich selbst leben. Menschen, die zu Ihnen passen, ziehen Sie an wie ein Magnet. Fast automatisch findet man dann zueinander. Tun Sie nichts, nur weil es »in« ist. Tun Sie es nur, wenn es Ihnen Freude macht. Wenn Sie es nur tun, um dazuzugehören und mitreden zu können, dann kann keine echte Begeisterung aufkommen, und es bleibt ein schaler Nachgeschmack.

Die Kunst, sich selbst kennenzulernen, fängt schon mit der Kleidung und dem Hobby an. Ziehen Sie etwas an, weil es Ihnen gefällt und zu Ihnen passt, und nicht, weil es modern ist. Betreiben Sie eine bestimmte Sportart, weil sie Ihnen guttut, Sie Spaß daran haben, und nicht, weil Sie andere damit beeindrucken können. Tun Sie das, was Sie stärkt. Gehen Sie spazieren, weil Sie die Natur lieben, den Geruch des Regens, das Grün der Wiesen, und nicht nur, weil Sie gelesen haben, dass es gut für die Gesundheit sei. Gehen Sie in eine Kunstausstellung, weil Ihre Seele dabei aufblüht, und nicht, weil Sie mitreden wollen.

Bevor Sie etwas tun, überlegen Sie, was Ihr Inneres dazu sagt. Klopft Ihr Herz bei dem Gedanken an Ihr Vorhaben voller Vorfreude? Dann ist es das Richtige. Es ist etwas, was Ihre Lebensfreude stärkt. Wenn Sie es nicht wissen, weil Sie Ihrer inneren Stimme schon so lange kein Gehör geschenkt haben und diese ganz fein und leise geworden ist, sie will sich ja schließlich nicht aufdrängen, dann probieren Sie es einfach aus. Achten Sie stets darauf, wie Sie sich fühlen, während Sie etwas tun und danach. Stärker? Besser? Oder sind Sie froh, wenn es vorbei ist? Dann wissen Sie es zumindest beim nächsten Mal.

Je öfter Sie in Ihrem Leben etwas tun, was Sie wirklich lieben, was Sie stärkt und Ihre Lebensfreude fördert, desto mehr wächst Ihre Ausstrahlung.

Dann sind Sie ganz Sie selbst. Sie brauchen sich nicht mehr zu verstellen. Auf andere Menschen gehen Sie ruhig und gelassen zu. Sie brauchen von keinem mehr zu fordern: »Mach mich glücklich!«, was ja sowieso zu viel verlangt wäre. Sie wissen nun, wie Sie auch ohne andere Menschen glücklich werden.

Sobald Sie ein gesundes Maß an Selbstwertgefühl aufgebaut haben, kommt der nächste Teil der Übung: die Bedürfnisse der anderen wahrzunehmen. Es soll sich ja auf Dauer nicht alles um die eigene Person drehen. Sich auf andere Menschen einzustellen konnten Sie als sensibles Wesen eigentlich schon immer. Und doch kann es sein, dass Sie sich abgeschottet haben, weil Ihnen die Einflüsterungen von anderen zu massiv und die Beeinflussungen zu stark waren. Üben Sie es nun erneut, aber mit dem Wissen um Ihre eigene Stärke. Schauen Sie hin, was andere Menschen brauchen. Lernen Sie, ihnen etwas zu schenken. Das muss nichts Materielles sein, herzöffnend wirkt schon ein Lächeln oder eine freundliche Geste. Reichen Sie ihnen eine hilfreiche Hand, wenn Sie spüren, dass Sie gebraucht werden. Warten Sie nicht erst auf eine Bitte. Teilen Sie all das Schöne, das Sie für sich entdeckt haben, mit anderen, und genießen Sie es mit ihnen gemeinsam. Öffnen Sie Ihr Herz.

Aus einem offenen Herzen strahlen immer Liebe und Freundlichkeit, sodass sich andere Menschen auch trauen werden, ihr Herz zu öffnen und Ihnen Sympathie, Liebe und Freundlichkeit zurückzugeben.

Nährt es, oder zehrt es?

In einer bestimmten Phase der Persönlichkeitsentwicklung hat man es verstärkt mit Selbstzweifeln zu tun. Bei sensiblen Menschen ist es der Zeitpunkt kurz bevor sie ihre Sensibilität als etwas Besonderes zu schätzen gelernt haben. In diesem Zeitraum sind sie noch unsicher, ihr Selbstwert ist angegriffen. Sie neigen dazu, andere viel zu häufig um Rat zu fragen. Ihre Seele aber spürt durchaus, dass sie selbst die beste Antwort kennen. So tauchen aus ihrem Inneren die ersten Zweifel daran auf, ob es wirklich so gut war nachzufragen. Sie fühlen sich genervt, gegängelt, gestresst – eben auch durch die Ratschläge anderer.

Natürlich gibt es viele Situationen, wo es hilfreich ist, sich beraten zu lassen, zum Beispiel, wenn man sich gerade intensiv mit der eigenen Existenz beschäftigt und nahezu alles infrage stellt. Auch wenn man aufgrund eines Schicksalsschlages die Orientierung verloren hat. Ebenfalls ist der Blick von außen hilfreich, wenn zu viele Fragen auf einmal im Leben auftauchen, denn dann ist es fast unmöglich, den Überblick über alle Themen zu behalten.

Aber: Nicht alle Themen sind so gewichtig, dass man dabei unbedingt Unterstützung brauchte. Auch die kleinen Fragen des Alltags können ganz schön anstrengend sein, aber jeder kann lernen, hierfür die Antworten selbst zu finden und zu seinen Entscheidungen zu stehen. Denn im Grunde seines Herzens kennt sich jeder selbst am besten. Zwar kann die eigene Wahrnehmung gestört sein, doch ein Gefühl für sich selbst ist grundsätzlich da, das hat jeder Mensch. Ganz besonders ein sensibler Mensch spürt, was er mag, was er ablehnt, was ihm guttut und was ihn schmerzt. Es gilt nur, diese Quelle des inneren Wissens wieder anzuzapfen.

Sicher kennen Sie diese nervigen Situationen, in denen Sie vor einer Entscheidung stehen. Den richtigen Weg zu finden fällt schwer. Dazu zählen nicht nur die großen Entscheidungen, die dem Leben eine andere Richtung geben können, wie die Wahl des Partners, die Trennung, ein neuer Arbeitsplatz oder die Kündigung, die Entscheidung für oder gegen ein Kind. Solche schwerwiegenden Entscheidungen trifft man schließlich nicht ständig. Auch im ganz normalen Alltag stehen ständig Entscheidungen an. Was macht man nächstes Wochenende? Sport? Zeit mit der Familie verbringen? Sich um die Karriere kümmern? Was ist richtig? Als sensibler Mensch möchte man niemandem absagen, niemandem wehtun, es am liebsten allen recht machen. Doch man möchte auch selbst nicht untergehen. So können auch solche scheinbar einfachen Entscheidungen schwerfallen. Zumal, wenn von allen Seiten Forderungen an einen gestellt werden. Umso wichtiger ist es, den eigenen Weg sehen zu lernen und ihn dann auch zu gehen.

Es gibt so vieles, was für die eine Entscheidung spricht, aber auch so vieles dagegen. Mit der anderen möglichen Entscheidung ist es genauso. Vieles spricht dafür, vieles dagegen. Vielleicht zieht Sie der Verstand in die eine Richtung und das Gefühl in die entgegengesetzte. Sie grübeln, welches der richtige Weg sei. Nun tauchen Fragen in Ihnen auf: Stecken Ängste dahinter? Die Angst vor Versagen? Oder vor zu viel Arbeit? Oder sind es Hoffnungen, die Sie antreiben, denen Sie aber doch nicht so recht trauen? Vielleicht bläst sich auch gerade einmal wieder das Ego mächtig auf und will Ihnen einen neuen Berg an Verantwortung aufdrücken. Je mehr Sie darüber nachdenken und je mehr Möglichkeiten Sie in Betracht ziehen, desto komplizierter und unklärbarer erscheint Ihnen die Angelegenheit. Sie brauchen sich davon nicht verrückt machen zu lassen.

Übung:

Gehen Sie einfach folgendermaßen vor: Skizzieren Sie für sich die möglichen Wege bzw. Entscheidungen einmal in groben Zügen. Dann fragen Sie sich: »Nährt es, oder zehrt es?« Nährt es Sie, wenn Sie sich für etwas entscheiden, oder zehrt es Sie aus? Wenn Sie sich diese Frage stellen, können Sie mit einer unmittelbaren Reaktion Ihres körperlichen und Ihres seelischen Systems rechnen. Sie wissen dann sehr schnell, ob sich eine Entscheidung gut anfühlt oder eben nicht. Alles andere ist unwichtig. Wenn Sie mit Ihrem Inneren im Reinen sind, werden Sie gute Lösungen finden.

Die Frage »Nährt es, oder zehrt es?« können Sie auch in Situationen stellen, in denen Ihnen alles zu viel wird, wenn Sie Erholung brauchen, wenn Sie überlastet sind und sich ausgelaugt fühlen. Eigentlich wäre ein Urlaub schön, aber den können Sie frühestens in vier Monaten nehmen. Und vorher kommen noch zwei große Familienfeste, die mit aufwendigen Vorbereitungen verbunden sind. Ganz abgesehen von der Umstrukturierung im Job, die ebenfalls Ihre ganze Aufmerksamkeit verlangt. Dann diese ständigen Kopfschmerzen. Und der Partner nimmt Sie viel zu selten in den Arm. Ja, Sie wissen schon, dass er selbst überlastet ist, er es zurzeit auch nicht leicht hat. Gleich zwei Kollegen sägen an seinem Stuhl. Was tun Sie also? Die Zähne zusammenbeißen und durchhalten bis zum Umfallen? Was aber, wenn Sie tatsächlich umfallen, was ist dann? Besser wäre es, Sie würden sich einmal wieder zur Massage anmelden, zum Sport gehen oder sich mit Freundinnen treffen. Das wäre eigentlich wunderbar – nur ist damit wieder neuer Aufwand verbunden. Um Termine und Treffen zu vereinbaren, müssten Sie schließlich irgendwo anrufen. Das heißt, Sie brauchten dafür genau die Antriebsenergie, die Sie doch gerade nicht haben. Was also sollen Sie tun? Was hilft?

Vor allem: Schimpfen Sie nicht mit sich. Hören Sie auf, sich zu kritisieren, nach dem Motto: »Jetzt lass dich nicht so hängen, andere schaffen das auch.« Oder: »Reiß dich zusammen.« Oder noch schlimmer, weil selbstzerstörerisch: »Du bist doch echt eine lahme Ente. Kein Wunder, wenn du verlassen wirst. Und arbeitslos. Und krank.«

Stoppen Sie sich sofort, wenn Sie an solch einem Punkt angelangt sind. Vollziehen Sie innerlich eine Kehrtwende um 180 Grad. Hören Sie auf, sich weiter zu fordern, sich zu kritisieren, sich zu verletzen. Loben Sie sich stattdessen. Rufen Sie sich alles ins Gedächtnis, was bisher gut gelaufen ist, und schauen Sie auf das, was Sie gut können. Lassen Sie diese positiven Bilder auf sich wirken. Genießen Sie sie.

Es ist nicht dienlich, immer wieder auf kleinen Misserfolgen herumzureiten. So können die Verletzungen, die damit verbunden sind, nie heilen. Besser wäre es, diese anzuschauen, zu würdigen und dann in Ruhe zu lassen. Vielleicht wollen Sie noch ein »energetisches Heilpflaster« draufgeben – etwa in Form von goldenem Licht oder von tröstlichen Bachblüten. Dann darf es gut sein. Sagen Sie sich: »Ja, das war ein Fehler. Aber überstanden habe ich die Situation auch. Ich bin dadurch zäher und widerstandsfähiger geworden. Es war im Großen und Ganzen in Ordnung.«

Nehmen Sie sich innerlich in den Arm. Trösten Sie sich, statt zu jammern. Stellen Sie sich dabei gerne auch Ihr Inneres Kind vor, und nehmen Sie es in den Arm. Lassen Sie liebevolle und heilsame Szenen wie einen Film vor Ihrem inneren Auge ablaufen. Lassen Sie es sich mit sich selbst so richtig gut gehen, während Sie auf dem Sofa oder in der Hängematte liegen.

Seien Sie nett zu sich. Werden Sie weich. Lassen Sie Gefühle zu. Lassen Sie zu, dass Sie etwas spüren. Denn das ist Ihr Potenzial. Atmen Sie ruhig und tief. Dann stellen Sie sich erneut die Frage: »Nährt es, oder zehrt es?« Jetzt, in dieser entspannten Haltung, ist Ihr Unterbewusstsein besonders auf Draht und flüstert Ihnen die richtige Antwort zu. Sie können erkennen, wie Ihr nächster Schritt aussieht – und das reicht, um weiterzugehen. Sie wissen, was als Nächstes zu tun ist. Sie spüren, dass Sie richtig liegen. Denn es fühlt sich gut an!

Auf dem Weg zum Erfolg

Sensible Menschen können großen Erfolg haben. Nicht nur im privaten Umfeld, wo man sie wegen ihrer Feinfühligkeit liebt. Auch beruflich stehen ihnen viele Türen offen. In der Wirtschaft mag es für sie aufgrund der eingefahrenen Strukturen nicht ganz leicht sein, sich zu behaupten. Doch wer seine Fähigkeiten und Talente erkannt hat und zu schätzen weiß, wird auch dort eine Nische für sich finden, in der er seine Sensibilität leben und trotzdem erfolgreich sein kann. Und dies kann durchaus materielle Fülle nach sich ziehen. Es ist doch unser aller Ziel, unsere Talente zu leben. Das macht die Seele froh, dafür sind wir doch hier auf der Erde. Und wenn damit verbunden ist, im Wohlstand zu leben – ja, gerne!

Immer wieder gibt es sie, die Erfolgsmärchen: Eine arbeitslose, alleinerziehende Mutter erlangt als Autorin mit ihren Romanen Weltruhm. Verkäuferinnen werden als Sängerinnen entdeckt und erklimmen die Charts. Ein Hartz-4-Empfänger bewegt mit seinem Mundharmonikaspiel die Herzen der Menschen und wird reich und berühmt.

Mit Staunen sehen wir, wie sich eigentlich ganz normale Menschen ihre Herzenswünsche erfüllen. Es scheint also doch möglich zu sein, seinen Traum zu verwirklichen und mit den eigenen Anlagen ganz groß zu werden. Und das ohne Beziehungen und ohne reiche Eltern. Auch wenn sich nun wirklich nicht jeder danach sehnt, mit seinen Fähigkeiten ein Weltstar zu werden – das Besondere in sich zu entdecken, das möchten vermutlich alle.

Bei sensiblen Menschen ist diesen Wunsch noch etwas ausgeprägter, weil sie die Sehnsucht ihrer Seele nach Verwirklichung noch stärker spüren.

Früher oder später stellt sich wohl jeder einmal die Frage, ob das Leben denn nur aus Alltag besteht. Nicht, dass man die Familie und den Beruf gering schätzen würde. Aber es scheint alles so normal zu sein. Selbst Ereignisse, die einen Einschnitt in den üblichen Ablauf darstellen, wie Berufswechsel, Beförderung, Hausbau oder Heirat, bringen nur kurzfristig das Gefühl des Besonderen. Bei sensiblen Menschen wird es nun deutlich: Wenn mit all ihrem Tun nicht die Erfüllung eines Seelenwunsches verbunden ist, fehlt dem Leben noch immer der Glanz.

Dabei ist es selten der Wunsch nach Berühmtheit, der sie antreibt. Es ist vielmehr die Sehnsucht der Seele, etwas Einzigartiges zu leisten, deutliche Spuren auf der Erde zu hinterlassen. Jeder Mensch ist tatsächlich etwas Besonderes und Einzigartiges, mögen noch so viele andere denselben Geschmack haben und dieselben Vorlieben hegen, vielleicht auch ähnlich aussehen und vergleichbare Wege gehen. Etwas genauer betrachtet sind keine zwei Wesen gleich, selbst eineiige Zwillinge weisen kleine, feine Unterschiede auf.

Bei Menschen, bei denen der Lebenssinn mit den beruflichen Zielen zusammenfällt, ist es oftmals leichter, diesen Sinn zu erkennen. Manche wissen schon in der Schule, dass sie später Forscher werden wollen, Musiker, Lehrer oder Friseur – und zielstrebig verfolgen sie ihr Ziel. Aber viele Menschen, deren Interessen breit gefächert sind, die alles ein bisschen, aber nichts überdurchschnittlich gut können, tun sich schwerer damit. Sie haben sich irgendwann für einen Beruf entschieden, gut. Aber der Wunsch, etwas Außergewöhnliches zu sein, seine Spuren in der Welt zu hinterlassen, dieser Wunsch bleibt. Dies ist nicht zu verwechseln mit dem Verlangen nach Anerkennung. Die Sehnsucht der Seele, ihre Einzigartigkeit zum Ausdruck zu bringen, ist etwas anderes. Die spüren sensible Menschen besonders intensiv, eben weil ihr Kontakt zu ihrer Seele so stark ist.

Doch was macht diese besondere Kraft aus, die einen Menschen unverwechselbar macht? Was ist es, was ihn von anderen unterscheidet, was ihn von der Masse abzuheben vermag? Um die Antwort darauf zu finden, hilft es, sich meditativ zu versenken, eine innere Reise zu den eigenen Seelenkräften anzutreten. Wer bei einer klassischen Meditation auf dem Sitzkissen keine Ruhe findet, kann versuchen, in der Natur nach innen zu lauschen. Es gibt zahlreiche Wege in die eigene Mitte. Dort ist auch die Antwort auf die brennende Frage zu finden, worin die eigenen Talente liegen und was die eigene Besonderheit ausmacht. Ein anderer Weg, die eigenen Talente zu entdecken, ist – tatsächlich über den Verstand. Machen Sie sich bewusst, was Sie von anderen unterscheidet. Es könnte sich um ein echtes Talent handeln.

Talente erarbeitet man sich nicht, sondern hat man. Als Geschenk sozusagen, von Geburt an. Für die meisten sind ihre Talente dadurch so selbstverständlich, dass sie diese gar nicht als solche erkennen, geschweige denn sich darüber freuen. Aufgrund von mangelndem Selbstbewusstsein reden sie diese Talente gar noch klein. Dabei sind es doch gerade diese schönen Gaben, die unser Leben auch in schwierigen Zeiten erhellen können.

Wahre Genies sind selten. Die meisten Menschen trösten sich zu Recht damit, dass die Genialität auf dem einen Gebiet meist mit mangelnden Fähigkeiten auf vielen anderen Gebieten einhergeht. Deshalb sind auch die wenigsten traurig darüber, eben kein Genie zu sein, sondern ein ganz normaler Mensch. Nichtsdestotrotz haben auch wir »normale« Menschen unsere Begabungen und sind eben nicht rundherum durchschnittlich.

Jeder von uns hat ein besonderes Talent mitbekommen. Für die meisten ist das eigene Können allerdings so selbstverständlich, dass sie es gar nicht als etwas Außergewöhnliches wahrnehmen. Spricht man sie darauf an, sagen sie: »Ja klar, das kann ich schon, aber das ist doch nichts Besonderes, das ist doch ganz normal.« Ist es eben nicht. Es ist ihre spezielle Begabung. Gelingt es einem, sein Talent im Beruf zu entfalten und so viel Geld zu verdienen, dann findet dieses Talent auch bei dem Betreffenden selbst Anerkennung. Ein Talent im üblichen Alltagsgeschehen eingesetzt geht hingegen oftmals unter.

Müssen die persönlichen Gaben mit einem Beruf verknüpft sein? Muss man sein Talent in klingende Münze umsetzen, um es als solches bezeichnen zu dürfen? Für beides gilt: Das darf so sein, muss es aber nicht. Viele machen den Fehler, nur die im Beruf angewandten Fähigkeiten als Talente zu bezeichnen. Warum eigentlich? Ist eine herrliche Stimme nicht auch dann ein Talent, wenn man niemals Sänger wird? Ist nicht auch die Freude am Singen ein Talent, selbst wenn die Stimme nur durchschnittlich ist? Es ist auch ein Talent, wenn jemand eine komische Ader hat und durch seine lustigen Bemerkungen die anderen zum Lachen bringt. Oder wenn jemand durch sein herzliches, mütterliches Wesen ein ganzes Team zusammenhält. Manche Leute haben das Talent, andere beim Kleiderkauf zu beraten. Andere können ausgezeichnet Kuchen backen oder eine Mahlzeit so herrlich anrichten, dass selbst dem Sattesten das Wasser im Munde zusammenläuft. Wieder andere haben das Talent, Fehler bei technischen Defekten zu finden, sofort erkennen sie, wo der Fehler liegt. Andere haben viel Geduld mitbekommen – ist etwas zu entwirren oder zu erwarten, sie sind die Ruhe selbst. Wieder andere haben das Talent, mit einer solchen Hingabe zuzuhören, dass schon bei den ersten Sätzen der ganze Kummer schwindet.

Ein Talent ist ein Geschenk, eine geistige Gabe, die wir mit auf den Weg bekommen haben, ein von Gott anvertrautes Gut. Vielleicht sind es auch Fähigkeiten, die wir im vorherigen Leben erworben haben und mitnehmen durften. Wir können sie weiter ausbilden und fördern, wir können sie aber auch »naturbelassen« nutzen, in Rohform sozusagen. Selbst dann kommen wir mit diesen Talenten mindestens genauso weit wie einer, der sie nicht hat und sich stattdessen die Fähigkeiten, die damit verbunden sind, erarbeiten musste. Ein Talent zu nutzen fällt niemals schwer, ist niemals mühsam. Das ist vermutlich auch der Grund, warum die meisten Menschen ihre Talente gar nicht als solche erkennen, und wenn doch, dann nicht zu schätzen wissen. Als etwas Besonderes gilt das, was erarbeitet wurde. Die Leistung zählt, vor allem, wenn sie Geld bringt. Speziell in unserer Gesellschaftsform ist diese Denkweise weit verbreitet und hält sich zäh.

Natürlich soll auch Leistung anerkannt werden. Das Überwinden von Hürden und Problemen und das Erarbeiten von Kenntnissen und Fähigkeiten sind schließlich Dinge, auf die wir stolz sein dürfen. Auf Talente stolz zu sein bringt nichts. Es sind Geschenke, für die wir dankbar sein sollten. Sie sind dazu da, dass sie uns und anderen Freude bereiten. Wir können sie zu unser aller Wohl einsetzen. Wenn wir die eigenen

Talente leben, erhöhen wir damit unsere Lebensqualität. Ein Talent als solches zu erkennen festigt das Selbstbewusstsein, bringt Vergnügen und stärkt das Vertrauen ins Leben. Und wenn wir es noch dazu in einem einträglichen Beruf nutzen können – warum nicht? In dem Bereich, wo unserer Talente liegen, sind wir schließlich richtig gut.

Was dabei herauskommen kann? Lassen Sie sich von zwei Beispielen inspirieren. Es handelt sich hier um zwei sehr sensible Menschen, die in einem »normalen« Beruf arbeiten, dabei aber ihre sensiblen Anlagen leben, allerdings auf höchst unterschiedliche Weise:

Eine Sekretärin mit Herz

Eine Sekretärin hat Spaß an ihrer Arbeit, sie kann gut organisieren und ist zuverlässig. Vor allem aber: Sie kann mit dem schwierigen Chef gekonnt umgehen und hält die Kollegen bei Laune. Darin liegt ihr eigentliches Talent. Wenn ihr ein Kollege sein Leid klagt, hört sie mit ganzer Seele zu. Einfach so, aus ehrlichem Interesse an dem Menschen. Es ist ihre ausgeprägte Sensibilität, die sie immer fühlen lässt, wann jemand in Not ist und welchen Zuspruch er gerade braucht. Das ist ihr auch schon einmal wichtiger als ihre Arbeit, wie manch ein auf Perfektion getrimmter Kollege bemerkt. Und trotzdem leistet sie unglaublich viel: Sie ist die Seele der Firma. Was ihre Arbeitsleistung betrifft, wäre sie ersetzbar, da gäbe es sogar bessere. Aber der Verlust für die Gemeinschaft der Mitarbeiter wäre immens, wenn sie nicht mehr im Team wäre. Schon wenn sie im Urlaub ist, fühlt es sich an, als wäre der Himmel dauerhaft bedeckt.

Diese Sekretärin hat keine psychologische Ausbildung, sie hat ihre Mütterlichkeit und ihre Einfühlsamkeit nicht zum

Beruf gemacht – und trotzdem ist es genau diese Veranlagung, ihre Sensibilität, ihre Weichheit, ihre Menschenliebe, ihr Sanftmut, die sie unter Tausenden auszeichnet.

Ein Asket aus Überzeugung

Ein Mann geht einen ganz normalen beruflichen Weg, nicht als Selbstständiger, sondern als Angestellter bei einer größeren Firma. Dort ist er erfolgreich in der Buchhaltung tätig. Er schätzt die Sicherheit und die Regelmäßigkeit, die ihm die Arbeit bei diesem Unternehmen bietet. Seine Affinität zu Zahlen macht ihn aber nicht zu einem verknöcherten Kopfmenschen. Ihn zeichnet eine starke Innerlichkeit aus. Denn auch er ist höchst sensibel. Seit frühester Jugend praktiziert er Yoga und hat es hier zur Meisterschaft gebracht. Was ihn unverwechselbar macht, ist seine Fähigkeit, sich mit großer Kraft auf eine Sache zu konzentrieren. Er ist in der Lage, allein zu sein, hat keine Angst vor Einsamkeit. Im Gegenteil, er liebt es, Zeit für sich zu haben. Um diese tief empfundene Zufriedenheit zu erreichen, braucht er nicht viel. Sein Lebensstil ist, sich auf Weniges zu beschränken. Das gilt sowohl für seine Einrichtung als auch für seine Nahrung und seine Kleidung. So findet er die Ruhe, die er seiner Sensibilität schuldet. Den Zahlenjob sieht er als willkommenes Training für sein Gehirn, und das in einer für ihn angenehmen Umgebung, die ihm eine gewisse Zurückgezogenheit ermöglicht.

Menschen wie diese Sekretärin und dieser Asket schätzen ihre Qualitäten zumeist als selbstverständlich und als nichts Besonderes ein. Und doch sind sie zufrieden mit sich und der Welt. Weil ihre Seele erfüllt ist und sie für sich eine gute Möglichkeit gefunden haben, ihre Sensibilität auszudrücken – ob sie sich dessen nun bewusst sind oder nicht. An den gängigen Erfolgsmaßstäben messen sie sich jedoch nicht. Denn den Sinn des Lebens in einer hohen Position, in Berühmtheit oder in Geld zu suchen, ist ein Irrtum. Das alles kann mit dem eigenen Lebenssinn zusammenhängen, muss es aber nicht. Wahrhaft zufrieden macht nur die innere Erfüllung. Machen auch Sie sich auf die Suche danach!

Ziele erreichen

Vielleicht hören Sie sich gerade seufzend sagen: »Ja, natürlich – ich würde gerne dies und jenes tun.« Tatsächlich? Warum lassen Sie dann das Leben an sich vorüberziehen? Machen Sie sich klar: Jammern bringt Sie nicht ans Ziel. Zu viele sensible Menschen träumen vor sich hin, etwa in der Art: »Die Welt ist groß und schön, und wie wäre es, wenn ...« Doch schon stoppen sie sich wieder und denken: »Es geht ja doch nicht. Meine Kraft reicht nicht aus. Lieber nicht zu viel träumen.«

Gut, so ein Seufzer ist noch kein Ziel. Aber er ist ein Anfang. Immerhin liegt darin ein Wunsch, eine Idee verborgen – die wichtigste Voraussetzung, um weiterzukommen. Was es jetzt noch brauchte, wäre, eine Entscheidung zu treffen und klar und bestimmt zu sagen: »Das will ich. Dorthin soll mein Weg gehen.«

Das klingt so einfach. Und doch fällt es so schwer, aus den eigenen Wünschen und Ideen heraus ein reales Ziel zu gestalten. Woran liegt das? Einer der häufigsten Gründe, insbesondere bei sensiblen Wesen, ist das mangelnde Selbstbewusstsein. Sie trauen es sich schlicht nicht zu. Alter, Geld, Milieu und Ähnliches sind fast immer nur Ausreden, in erster Linie fehlt der Glaube an sich selbst. Also glauben sie auch nicht daran, dass sie ihre Ziele je erreichen könnten.

Immer wieder läuft es auf ein Thema hinaus: Um Ziele festzulegen und Ziele zu erreichen, braucht man ein starkes Selbstwertgefühl. Das Selbstbewusstsein aufzubauen macht Spaß und ist gar nicht so schwer. Möglichkeiten dafür gibt es viele.

Für Sie als sensibler Mensch ist dies wiederum ein riesiger Vorteil, weil Ihre Einfühlsamkeit und Ihre Fantasie Ihnen eine große Bandbreite an Fähigkeiten und damit an Zielen ermöglichen. Das heißt: Es ist für Sie überhaupt nicht schwerer als für andere, Ziele festzulegen und zu erreichen. Sie brauchen sich nur auszusuchen, was Sie anspricht – und dann fangen Sie an.

- Treiben Sie regelmäßig Sport.
  Sie werden sich vielleicht fragen, was Sport mit Selbstbewusstsein zu tun hat. Eine ganze Menge! Denn Sport erfordert, dass man den ungeheuer faulen inneren Schweinehund überwindet. Das macht stolz und kräftigt den eigenen Willen. Macht man sich den wöchentlichen Sport zur Gewohnheit, verinnerlicht man mit der Zeit das Gefühl der persönlichen Stärke umso mehr. Diese schöne Erfahrung lässt sich dann auf andere Gebiete übertragen.

- Setzen Sie sich kleine Ziele.
  Ein Ziel zu erreichen stärkt das Selbstbewusstsein. Kleine Zielen sind natürlich leichter und schneller erreicht. Also fangen Sie so an: Setzen Sie sich kleine Ziele. Mit jedem bewusst gesetzten und erreichten Ziel wird das Vertrauen in die eigenen Fähigkeiten noch mehr wachsen. Die großen Ziele können dann danach kommen.

- Schließen Sie Frieden mit Ihrer Vergangenheit.
  Erinnern Sie sich an Situationen, die schlecht gelaufen sind und in denen Sie sich extrem mies gefühlt haben. Wann haben sich die negativen Situationen gehäuft? War es jene Zeitspanne, in der Ihr Selbstwertgefühl angefangen hat, zu leiden und schwächer zu werden? Gehen Sie mit Ihren Gedanken zu diesen Situationen zurück. Überlegen Sie, wie Sie

mit Ihrer heutigen Erfahrung diese Situationen lösen, was Sie anders machen würden. Stellen Sie sich die einzelnen Situationen bildlich vor, wie Filmszenen, die neu abgedreht werden. Das wirkt sehr befreiend. Dann können Sie leichter akzeptieren, wie es in Ihrer Vergangenheit tatsächlich gelaufen ist. Dann müssen diese Erlebnisse nicht den Rest Ihres Daseins beeinflussen. Gestehen Sie sich eine grundlegende Wandlung zu.

- Schauen Sie auf Ihre starken Seiten.
  Jeder Mensch hat seine starken Seiten. Jeder hat schon Konflikte gemeistert, Krisen durchgestanden und Probleme gelöst. Sei es im Job, innerhalb der Familie, im Freundeskreis oder in Bezug auf Krankheiten. Auf diese Ergebnisse darf man stolz sein. Erinnern Sie sich an Situationen, in denen Sie sich so richtig gut gefühlt haben. Rufen Sie sich alle Ihre Erfolge ins Gedächtnis. Schreiben Sie sie auf. Ergänzen Sie nach und nach die Liste. Wenn Sie einmal angefangen haben, fällt Ihnen sicherlich immer noch mehr ein. Sagen Sie nicht: »Ach, das war doch nichts.« Doch, das war schon was! Auch scheinbare Kleinigkeiten zählen. Lernen Sie, Ihre Erfolge als solche zu sehen, und lernen Sie, sie hoch einzuschätzen.

- Lieben Sie Ihre Schwächen.
  Denn Schwächen hat jeder Mensch. Manchmal ist es aber nur eine Frage der Bewertung, ob eine Eigenschaft eine Stärke oder eine Schwäche ist. Wenn Sie sich wieder einmal besonders fehl am Platz fühlen, etwa zu langsam, zu hektisch oder zu nachgiebig, dann überlegen Sie sich eine Situation, in der genau diese Eigenschaft ein riesengroßer Vorteil ist. So kann die Langsamkeit zur Ruhe, die Hektik zur Betriebsamkeit, die Nachgiebigkeit zur Flexibilität werden. So kön-

nen Sie sich mit sich selbst versöhnen. Sie wissen, dass Sie diese Eigenschaft haben und wofür Sie sie brauchen können. Aus dieser Haltung heraus können Sie ganz entspannt daran arbeiten, diese Eigenschaft nicht zur Unzeit überzogen auszuleben.

- Loben Sie sich.
  Warten Sie nicht darauf, dass andere Sie loben. Loben Sie sich lieber einmal selbst. Sie werden täglich Anlass dazu finden. Loben Sie sich auch für Kleinigkeiten. Das macht richtig Spaß und vor allem: Es tut so richtig gut. Im Zuge dessen werden Sie Ihr Glück immer weniger davon abhängig machen, was andere über Sie denken und sagen. Lassen Sie sich auch von einer Kritik nicht die Laune verderben. Die Kritik kann von der Sache her richtig sein. Dann bleiben auch Sie auf der sachlichen Ebene. Vielleicht gibt es ja wirklich etwas zu verbessern. Seien Sie sich aber bewusst, dass Sie von Ihrem Wesen her in Ordnung sind. Auf der Herzensebene brauchen Sie sich von Kritik nicht berühren zu lassen.

- Ändern Sie Ihre Haltung.
  Treffen Sie immer wieder auf Menschen, die Sie ablehnen, abwerten, übergehen? Privat und im Beruf? Auch hier gilt: Nicht die anderen müssen sich ändern, sondern Sie können selbst etwas tun. Womöglich steht Ihnen auf der Stirn geschrieben: »Ich bin nichts wert.« Dann fängt das Unterbewusstsein der anderen diese Botschaft auf, und sie bestätigen es Ihnen. Das heißt: Sie müssen eine positive Botschaft über sich selbst aussenden. Bauen Sie sich dazu selbst auf. Posieren Sie wie ein Schauspieler vor dem Spiegel, ein Schauspieler, der einen selbstbewussten Menschen darstellen soll. Wenn Sie in der Rolle drin sind, sagen Sie sich:

»Ich bin klasse, ich bin richtig klasse.« Nehmen Sie wahr, dass sich mit der neuen Haltung Ihre Gefühle ändern. Sie fühlen sich tatsächlich selbstbewusster. Merken Sie sich die Körperhaltung – und probieren Sie diese bei der nächsten Gelegenheit in fremdem Umfeld aus. Spüren Sie, wie sich Ihre Wirkung auf andere verändert? Was Sie selbst von sich halten, ist wichtig. Die anderen sind nur Ihr Spiegel. Also ändern Sie Ihre Einstellung zu sich selbst. Die anderen tun das dann Ihnen gegenüber automatisch.

- Lernen Sie Ihr Selbst kennen.
  Haben Ängste und Sorgen Sie bisher davon abgehalten, Ihre Ziele zu erreichen, Ihre Träume zu verwirklichen? »Mach dir keinen Hoffnungen« und »Du doch nicht« gehören zu deren häufigsten Botschaften. Ihr Selbst aber, der Wesensanteil in Ihnen, der unzerstörbar und voller Lebensfreude ist, ist von den Ängsten und Sorgen aus Ihrem Bewusstsein verdrängt worden. Nehmen Sie Kontakt mit Ihrem Selbst auf. Lernen Sie es kennen, und machen Sie es zu Ihrem Freund. Meditation ist hierfür eine gute Möglichkeit. Insbesondere Herzensmeditationen eignen sich, um mit dem eigenen Selbst vertraut zu werden. Rasch werden Sie feststellen: Sie bestehen ganz und gar nicht nur aus Angst und Sorgen. Ihr Selbst trägt große Hoffnungen, es hat Freude am Leben, in ihm sind Neugier und Abenteuerlust zu Hause. Diese Qualitäten tragen Sie somit alle in sich. Es ist Zeit, sie ans Licht zu holen, sich ihrer bewusst zu werden – und damit im wahrsten Sinne des Wortes »selbstbewusst« zu werden.

- Und dann: Verwirklichen Sie Ihre Träume.
  Das geht fast wie von selbst. Als selbstbewusster sensibler Mensch wird es Ihnen immer mehr Spaß machen, sich

Ziele zu setzen und diese zu erreichen. Das müssen nicht zwangsläufig berufliche Ziele sein. Auch Vorhaben, die der Steigerung der Lebensfreude dienen, die mit Liebe und Freundschaft zu tun haben, zählen dazu. Oder verwirklichen Sie ausgefallene Urlaubswünsche oder wunderbare Wohnträume. Machen Sie das, was Sie wollen, was Sie wirklich wollen. Sie können das jetzt.

Ein erfülltes Leben

Wir alle tun gern etwas. Wir wollen nicht tagtäglich im Liegestuhl liegen. Das gilt nicht nur für die Actionfreunde und Sportler, sondern auch für die besonders sensiblen Wesen. Natürlich lieben sie es, zu meditieren, zu ruhen und zu schlafen. Vielleicht sind sie öfter als andere in einem entspannten Yin-Zustand. Sensibel zu sein bedeutet aber nicht nur, gerne zu träumen und für sich zu sein. Schließlich haben auch sensible Menschen eine gute Portion Unternehmungslust. Auch sie möchten im Leben etwas bewegen. Auch sie sind wie alle anderen Menschen grundsätzlich voller Neugierde und haben Lust am Lernen und Ausprobieren. All dies nämlich sind Eigenschaften, die wir alle als Kind mitbekommen haben. Keiner musste es uns beibringen, Interesse an dem zu haben, was um uns herum vorgeht, dass wir uns bewegen und mitmachen wollen. Von Kindern können wir so viel lernen – Neugierde auf das Leben, Bewegungsdrang, Freude an dem, was wir tun.

Wer über längere Zeit hinweg faulenzt, fragt sich früher oder später, wozu er denn eigentlich nütze sei. Der dringende Wunsch, eine eigene Aufgabe zu haben, keimt in ihm auf. Ständiges Nichtstun macht eben nicht glücklich. Natürlich braucht jeder Mensch Zeit zum Feiern, zum Genießen, zum Ausruhen. Aber eben nicht nur!

Allerdings gibt es da ein sprachliches Missverständnis, das irgendwann im Laufe der Geschichte entstanden ist: Beinahe jede Art von Betätigung wird mit dem Wort »Arbeit« bezeichnet. Dieses Wort aber ist negativ aufgeladen – Pflicht, Unfreiheit und Zwang schwingen mit. Und schon ist der Stress da. Arbeit wird mit krank machend und Freizeit mit gesund machend gleichgesetzt. Arbeit ist etwas Schlechtes, Freizeit macht Spaß. Nur schade, dass wir viel mehr Zeit mit Arbeit verbringen, als dass wir Freizeit haben. So viel ungute Zeit?

Vielleicht schleppen wir diese verquere Einstellung noch aus der Zeit der alten Römer mit uns herum. Das lateinische Wort »laborare« bedeutet sowohl »arbeiten« als auch »leiden«. Diese Gleichsetzung scheinen wir übernommen zu haben. Und noch im Mittelalter bezeichnete das germanische Wort »arebeit« laut Duden eine »unwürdige, mühselige Tätigkeit«. Oder haben wir den Bibelspruch in uns verankert, der besagt, dass wir unser Brot im Schweiße unseres Angesichtes verdienen müssen?

Etwas von diesen negativen Bedeutungen ist in unserem Unterbewusstsein zurückgeblieben.

Gerade sensible, aufnahmefähige Menschen sind sehr empfänglich für die Schwingungen, die ein Wort beinhaltet. Sie sollten sehr genau auf die Wahl ihrer Worte achten, auf deren Klang, auf deren Nebenbedeutungen.

Wie ist es bei Ihnen? Belastet Sie Ihre Arbeit? Oder sogar jede Art von Tätigkeit, die Sie machen müssen – also auch Hausarbeit wie Aufräumen und Putzen? Vor dem Hintergrund, dass das Wort »Arbeit« von der ursprünglichen Bedeutung her negativ besetzt ist, wäre das kein Wunder. Immer noch zählt vor allem das als Arbeit, was wehtut und anstrengend ist. Macht etwas Freude, wird die Leistung dadurch geschmälert. Da ist es kein Wunder, dass sich viele Menschen wie ferngesteuert die falschen Jobs aussuchen. Mit schlafwandlerischer Sicherheit finden sie genau die Tätigkeiten, die sie nicht glücklich machen, sondern stressen. Immerhin haben sie dabei die Befriedigung, sich das Geld hart erarbeitet und es daher »verdient« zu haben. Ausgelaugt und am Ende sind sie nach einigen Jahren dennoch.

Das Arbeiten in einem Beruf wird als notwendig hingenommen. Das Leben kostet schließlich Geld, also muss man welches verdienen. Sauer, versteht sich. Aber damit allein ist es noch nicht getan ist. Denn als Arbeit gilt noch mehr. Haus und Garten wollen in Ordnung gehalten, das Auto gepflegt werden. Für manche gehören sogar die sozialen Kontakte dazu – Partnerschaft, Familie und Freundeskreis. Kennen Sie den Ausspruch »An einer guten Beziehung muss man arbeiten«? Oder »Freundschaften brauchen Pflege«? Daran wird deutlich, dass letztlich alles zur Belastung werden kann.

Wir mühen und plagen uns ab, nur um etwas Zeit herauszuschinden für den »eigentlichen« Teil des Lebens, die Freizeit. Kommt diese zu kurz, leiden wir, weil wir sie höher bewerten als Arbeitszeit. Ein Phänomen unserer Gesellschaft, in der Freizeit so wichtig genommen wird, aber trotzdem alle so gestresst sind.

Der Ausgleich ist wichtig. Aber wir dürfen das eine nicht ab- und das andere nicht aufwerten. Für beides sollte Platz sein im Leben, zum Arbeiten und zum Feiern, zum Tun und zum Nichtstun, für Aktivitäten und zum Ausruhen. Das eine ist nicht mehr oder weniger wichtig als das andere. Wer seinen Tag aufteilt in erfreuliche Abschnitte wie Freizeit und Sport und unerfreuliche Abschnitte wie Broterwerb und Aufräumen, der tut sich keinen Gefallen. Das würde ja bedeuten, dass man weit über die Hälfte seiner kostbaren Zeit etwas Unerfreuliches machen muss – und das wäre in der Tat ein Grund zum Jammern.

Dabei könnte es so einfach sein: Man hat Hunger, also bereitet man sich etwas zu essen zu. Man möchte nicht im Unrat versinken, also sorgt man für Ordnung und Sauberkeit. Man hat den Wunsch nach Gesellschaft, also besucht man Freunde. Das alles sind menschliche Grundbedürfnisse, die befriedigt werden müssen. Man kann dies durchaus als Arbeit bezeichnen, aber ist es deshalb stressig, unangenehm, ungut? Kann es nicht auch wunderschön und befriedigend sein, sich die Grundbedürfnisse zu erfüllen?

Sich ein gemütliches Heim zu schaffen und es in Ordnung zu halten kann Freude machen, ebenso Tätigkeiten wie Einkaufen, Kochen und Blumengießen. Kleine Kinder wissen das, sie haben an allem Spaß. Wenn die Tätigkeiten als solche Freude machen, was ist dann noch stressig? Dann kann es doch genauso fit machen, mit dem Staubsauger durch die Wohnung zu flitzen wie um den Häuserblock zu joggen.

Sensible Menschen tun sich oft mit beidem schwer: Eine Arbeit mit den üblichen Verpflichtungen empfinden sie als belastend, den üblichen Freizeitspaß aber ebenfalls. Jubel und Trubel laugen sie eher aus, als dass sie davon erfüllt würden. Sie brauchen eigene Wege, in jeder Beziehung. Zum einen gilt es, sich Freizeitbeschäftigungen zu suchen, die sie selbst als wohltuend empfinden, unabhängig davon, was die Gesellschaft sagt. Zum anderen brauchen sie Arbeitsverhältnisse, die ihrer Feinsinnigkeit gerecht werden. Sie selbst können viel für sich tun, indem sie ihre Einstellung zu Arbeit und Freizeit überprüfen und gegebenenfalls verändern.

Wenn Sie das Putzen nicht mehr als Arbeit sehen, die Partnerschaft und die Einladungen der Freunde sowieso nicht, dann ist schon viel gewonnen. Dann leben Sie dabei nämlich einfach nur den natürlichen Drang nach Ordnung aus, nach Zärtlichkeit, nach Geselligkeit – was alles glücklich macht. Was bleibt, ist der Job, die bezahlte Arbeit. Wenn Sie der Beruf belastet und unglücklich macht, sollten Sie dringend in sich hineinhorchen und herausfinden, wo es Ihr Herz hinzieht. Wenn Sie insgesamt entspannter sind, lässt sich vielleicht auch hier eine neue Richtung finden – und sei es durch den Wechsel der Abteilung oder durch eine Zusatzausbildung.

Eine neue Zeit verlangt eine neue Sichtweise. Jahrhunderte sind vergangen, die römische Kultur ist Geschichte, die germanische auch, und wer weiß, vielleicht gibt es auch bei der Bibel einen Übersetzungsfehler. Wie auch immer – es ist an der Zeit, gerade jetzt, in unserem spirituellen Jahrtausend, auch zum Arbeiten eine neue Einstellung zu finden. Wir brauchen nicht unter der Last der uns auferlegten Arbeit zusammenzubrechen. Wir brauchen uns auch nicht laufend danach zu sehnen, endlich in Rente zu gehen und keine Pflichten mehr zu haben.

Vielleicht braucht es nur ein neues Wort für Arbeit, so, wie schon andere Worte, bei denen eine ungute Nebenbedeutung mitschwingt, ersetzt wurden. Vielleicht reicht auch schon eine neue Einstellung: Lieben Sie das, was Sie tun. Das ist der Schlüssel zu einem erfüllten Leben.

Durch eine Veränderung Ihrer Sichtweise können Sie bewirken, dass Sie so ziemlich alles, was Sie tun, gern tun. Richten Sie sich Ihr Leben so ein, dass es im Ganzen Freude macht. Der Erfolg kommt dann von alleine.

Die Sprache des Unterbewusstseins

Wir können uns das Bewusst- und das Unterbewusstsein als einen Eisberg vorstellen. Nur die Spitze ragt aus dem Wasser heraus, diese stellt die Bewusstseinsebene dar. Neunzig Prozent der Masse sind unter der Wasseroberfläche verborgen, dies entspricht der unterbewussten Ebene. Wir können den größten Teil also nicht sehen, haben keinen direkten Zugang dazu. Aufgrund ihrer feinen Antennen gelingt es sehr sensiblen Menschen wie Ihnen am ehesten, eine Verbindung zum Unterbewusstsein aufzubauen. Auf der rationalen Ebene, mit dem Verstand, lässt sich das Unterbewusstsein nicht erfassen. Und doch ist es da, machtvoll und bestimmend.

Eine gute Verbindung zum Unterbewusstsein vereinfacht vieles. Alle guten und schlechten Erfahrungen sind im Unterbewusstsein abgespeichert. In wenigen Millisekunden vermag es, eine Situation einzuschätzen, es entscheidet blitzschnell. So entscheiden und handeln wir, ohne nachzudenken. Das ist oftmals hilfreich und kann sogar lebensrettend sein.

Doch in manchen Fällen wäre es auch von Vorteil, wenn das Bewusstsein eingreifen würde. Denn das Unterbewusstsein bezieht sich immer auf dieselben Muster. Es reagiert immer gleich, und zwar so, wie es das einmal gelernt hat. Das gilt auch für Reaktionen auf eine einmal gemachte schlechte Erfahrung. Wer sich bei allen Entscheidungen vom Unterbewusstsein leiten lässt, hat schnell das Gefühl, fremdgesteuert zu sein. Das macht unzufrieden. Unserer Seele ist es durchaus ein Anliegen, dass wir unser Schicksal selbst in die

Hand nehmen. Es ist uns erlaubt und möglich, unseren Weg bewusst zu gehen. Machen Sie sich deshalb mit Ihrem Unterbewusstsein und seiner Sprache vertraut. Dann können Sie selbst entscheiden, wann Sie aus ihm heraus und wann Sie bewusst agieren.

Alles, was wir automatisch tun, fällt in den Zuständigkeitsbereich des Unterbewusstseins. Die kompletten Alltagsabläufe sind hier geregelt. Wir müssen nicht erst nachdenken, um zu reagieren. Die möglichen Handlungen sind abgespeichert, und das Unterbewusstsein entscheidet sich aus der Erfahrung heraus für die richtige Vorgehensweise. So brauchen wir nicht darüber nachzudenken, wenn wir uns einen Kaffee machen, die Schuhe binden oder eine Straße überqueren.

Das Unterbewusstsein steuert auch kompliziertere Vorgänge – wie das Autofahren. Wir können gleichzeitig abbremsen, blinken, eine Kurve fahren und mit dem Beifahrer reden. Nur wenn eine Situation nicht »normal« verläuft, erreicht ein Hilferuf aus dem Unterbewussten unser Gehirn. Etwa wenn die Straße in der Kurve vereist ist. Wir unterbrechen unwillkürlich das Gespräch und nutzen unseren Verstand, um die Situation zu meistern.

Dass das Unterbewusstsein Routineaufgaben übernimmt, ist sehr praktisch. Es spart Zeit und ermöglicht es uns, unsere Aufmerksamkeit auf andere Dinge zu richten. Und wir können unsere Aufmerksamkeit auf andere Dinge lenken. Gleichzeitig allerdings laufen wir damit Gefahr, nun ständig mit den Gedanken bei anderen Themen zu sein – egal, ob wir Auto fahren, joggen oder Kaffee kochen. Das wiederum ist schade. Es hat schon seinen Grund, dass so viele Religionen und Weisheitslehren fordern, das Bewusstsein auf den Augenblick zu richten, auf das Hier und Jetzt.

Üben Sie, mit den Gedanken bei dem zu sein, was Sie gerade tun. Nehmen Sie so viele Augenblicke wie nur möglich bewusst wahr. Das macht Sie wach für alles, was um Sie herum vorgeht.

Eine Situation, wie sie wohl jeder kennt, ist folgende: Sie fahren morgens die übliche Strecke zur Arbeit. Sie fahren die Strecke quasi automatisch, schenken dem, was um sie herum passiert, keine besondere Beachtung. Sie hängen noch den Themen von zu Hause nach oder sind mit den Gedanken schon bei den anstehenden Aufgaben. Am Ziel angekommen können Sie sich kaum an ein Detail von der Fahrt erinnern. Sie sind »unbewusst« gefahren.

Eine unbekannte Strecke hingegen fährt man mit voller Aufmerksamkeit. Man sieht Einzelheiten: Häuser, Straßenschilder, Waldstücke. Interessant dabei ist, dass der Weg dadurch viel länger erscheint. Erst nach einiger Zeit, wenn man die Strecke kennt und sie »blind« fährt, fühlt sie sich kürzer an.

Die logische Schlussfolgerung daraus ist: Wenn wir etwas mit voller Aufmerksamkeit tun, wenn wir mit all unseren Sinnen bei der Sache sind, haben wir mehr von unserer Zeit. Unser Leben wird intensiver. Das ist für überforderte Zeitgenossen und gestresste Mitmenschen interessant und für die sensiblen Wesen sowieso, weil sie sich von Eindrücken oft geradezu überschwemmen lassen. Sie brauchen dann nämlich nicht mehr darauf zu warten, dass sie weniger Aufgaben bekommen und ihr Leben dadurch ruhiger wird. Sie können die Ruhe in sich selbst finden, wenn sie aufmerksam bei allem sind, was sie tun. Das geht am besten, indem man etwas Neues wagt, so paradox das auch klingt.

Das Unterbewusstsein ist wie ein treuer Begleiter, der uns Unannehmlichkeiten ersparen will und Routineaufgaben zuverlässig erledigt. Doch zu viel Routine macht das Leben gleichförmig und langweilig und uns selbst schließlich grau und mürbe. Die Gefahr ist groß, dass das Unterbewusstsein immer noch mehr Aufgaben übernimmt, in immer mehr Abläufe Routine bringt. Wir selbst werden dann immer bequemer. Das ist wie bei einem Menschen, der nicht gefordert wird. Eigentlich wäre er ja kraftvoll und kreativ. Doch wenn es sich so ergeben hat, dass andere für ihn sorgen, Partner, Eltern, Staat, und ihm alle Verantwortung abgenommen wird, dann wird er immer fauler, nachlässiger und ideenloser. Schließlich verkümmern seine Talente.

Die Aufmerksamkeit ist es, die uns lebendig hält. Das Unterbewusstsein macht übrigens nichts falsch, es erfüllt nur seinen Zweck. Das Bewusstsein ist es, das wir immer wieder trainieren müssen. Wer feststellt, dass sein Leben überwiegend in Routineabläufen feststeckt, sollte kleine Variationen in seinen Alltag einbauen. Dazu braucht es keine gewaltigen Umstellungen. Aus der Routine auszubrechen ist gar nicht so schwer.

Probieren Sie dazu die **Übung »Intensiver Alltag«** aus:

Übung:

Bauen Sie in Ihren Alltag etwas Neues ein. Denken Sie sich für jeden Tag etwas Besonderes aus. Tun Sie etwas, was Ihre Sinne anregt. Sehen, hören, riechen, schmecken, tasten und fühlen Sie. Nehmen Sie Ihre Welt intensiv wahr.

- *Sehen Sie: Nehmen Sie einen Umweg, wenn Sie das nächste Mal zur Arbeit fahren, und freuen Sie sich darauf, interessante Dinge in der anderen Umgebung wahrzunehmen.*

- *Hören Sie: Wechseln Sie Ihren Radiosender. Und wenn es nur für einen Tag ist. Die Sprecher, die Themen, die Musik – alles ist anders, alles ist ungewohnt. Ob Sie es mögen oder nicht, ist gar nicht so wichtig. Wichtig ist, dass Sie Ihr Unterbewusstsein wachrütteln.*

- *Riechen Sie: Sorgen Sie für einen neuen Duft. Gönnen Sie sich ein neues Parfum. Oder nehmen Sie ein Duftöl für Ihr Duftlämpchen, das Sie selten oder sonst nie benutzen. Gehen Sie Blumen pflücken. Atmen Sie tief ein.*

- *Schmecken Sie: Gehen Sie in einen anderen Einkaufsmarkt als sonst. Es darf auch ruhig ein Geschäft sein, das Sie bislang abgelehnt haben. Irgendetwas werden Sie sicherlich trotzdem dort finden, was Sie anspricht. Das etwas andere Angebot wird Bewegung in Ihren Speiseplan bringen.*

- *Tasten Sie: Suchen Sie sich einen Handschmeichler aus. Das kann ein Edelstein sein, der mit der Kraft der Erde angefüllt ist. Das kann ein Kiesel sein, den Sie aus dem Bachbett holen und der Sie an das Plätschern des Wassers erinnert. Das kann eine Kastanie sein, die die Sonnenenergie des ganzen Sommers in ihrer braunen Schale gespeichert hat. Das kann ein Stück Wachs sein, weich und zäh zugleich, das die Heilkraft eines ganzen Bienenvolkes vermittelt.*

- *Fühlen Sie: Werfen sie einen Blick in Ihren Kleiderschrank, und stellen Sie fest, welche Farbe fehlt. Kaufen Sie sich ein Kleidungsstück in dieser Farbe – ein T-Shirt, einen Schal, eine Hose. Oder färben Sie ein vorhandenes Teil ein. Nehmen Sie wahr, wie sich die neue Farbe auf Ihre Ausstrahlung auswirkt.*

Schaffen Sie sich immer wieder Alternativen, sorgen Sie selbst für Abwechslung in Ihrem Leben. Gehen Sie neue Wege. Unterschätzen Sie dabei nicht die Kleinigkeiten – denn gerade damit halten Sie Ihr Unterbewusstsein auf Trab. Wird es in seiner Routine gestört, sendet es sofort klare Signale: »Hilfe, was soll ich jetzt tun, die Situation ist neu!« Sie müssen also vollkommen präsent sein und sich auf die aktuelle Lage konzentrieren. Damit bringen Sie neue Lebendigkeit in Ihren Alltag.

Muster verändern

Wir formen unser Leben selbst, und zwar weit mehr, als es die meisten wahrhaben wollen. Selbst diejenigen, die nicht unbedingt an den Zufall glauben, neigen dazu, ihn doch immer wieder als Begründung für einen Ist-Zustand heranzuziehen. Geschieht ein Unglück, fehlt ihnen meistens das Verständnis dafür, wie es dazu kommen konnte. Der Gedanke, dass sie selbst der Auslöser sein könnten, kommt ihnen selten. Doch auch schöne Ereignisse schreiben viele eher dem Glück zu, statt die Ursachen im eigenen Denken und Handeln zu suchen.

Mit »Unglück« ist hier allerdings das »Alltagspech« gemeint, nicht die großen Dramen, die das Leben erschüttern. Diese formen uns und lassen unsere Seele reifen. Dennoch sind sie die Ausnahme. Der Alltag macht einen Großteil unseres Daseins aus. Wenn wir den Alltag gut bewältigen und uns nicht durch Kleinkriege, Ärgernisse und Ängste aufreiben, ist schon viel gewonnen. Dann sind wir auch viel besser gewappnet, um uns den wirklich großen Herausforderungen zu stellen.

Auf seelischer Ebene erwachsen werden heißt, Verantwortung zu übernehmen. Als sensibler Mensch sollten Sie wissen: Sie sind auf dem Weg, seelisch erwachsen zu werden. Ihre Sensibilität ist ein Zeichen dafür. Wer nun die Ursache für ein Geschehen nicht mehr im Außen sucht, bei höheren Wesen, die einem wohl- oder übelwollen, oder auch bei Menschen, die einen gut oder schlecht leiden können, muss zwangsläufig bei sich selbst nachschauen. Das heißt, er wird die Verantwortung für sein Wohlergehen übernehmen müssen, für sein Glück genauso wie für sein Unglück.

Bedeutet das, dass wir völlig unabhängig von äußeren Kräften oder höheren Mächten sind? Ja und nein.

Ja, weil wir mit Sicherheit viel mehr können, als wir uns zutrauen. Unsere Fähigkeiten als Menschen sind großartiger, als es sich die meisten vorstellen können. Wir nutzen sie nur zu einem kleinen Teil.

Nein, weil die geistige Welt dennoch für uns da ist. Wir dürfen ihre Hilfe in Anspruch nehmen. Wir brauchen nur darum zu bitten. Dann werden wir gefördert, gehalten und getragen.

Es ist so: Wir sind für uns selbst verantwortlich, aber wir sind keine verlorenen Einzelkämpfer.

Wir werden also, was wir denken. Wir werden, was wir fühlen. Wir entscheiden über unser Schicksal, sind selbst unseres Glückes oder Unglückes Schmied, zumindest weitgehend. In der Konsequenz bedeutet das, die Verantwortung zu übernehmen für alles, was wir waren, was wir sind und was wir werden. Es bedeutet aber auch, ein großes Maß an Wahlfreiheit zu bekommen. Schade ist es nur, wenn wir diese Freiheit nicht nutzen – oder nicht nutzen können. Etwa weil wir uns von den Wünschen anderer Menschen beeinflussen lassen. Oder weil wir einem alten Muster folgen, das tief in uns verankert ist. Für beides sind sensible Menschen anfällig.

Schauen wir uns hierzu noch einmal die Angst vor Arbeitslosigkeit an, die derzeit so viele Menschen in sich tragen. Firmenpleiten, Eurokrise, Schulden – beinahe täglich werden wir mit solchen Schlagwörtern konfrontiert. Da ist es kein Wunder, dass sie nach und nach ins Unterbewusstsein absacken. Die Folge ist: Wir haben Angst um den Arbeitsplatz und verlieren das Vertrauen in die Firma. Das aber raubt nicht nur uns selbst die Kraft, sondern auch der Firma. Wenn keiner mehr an eine gute Zukunft glaubt, schwächt das die gemeinsame Ausstrahlung.

Schwerwiegender ist jedoch, dass durch diese negative Denkweise auch das Vertrauen in die eigene Kraft verloren geht. Das heißt, wir trauen es uns nicht mehr zu, aus einem Tief wieder herauszukommen. Der drohende Absturz lässt uns erstarren. Wie ein Film läuft die Abwärtsspirale vor unseren Augen ab: Arbeitslosigkeit, Verlust des Vermögens, Verlust der Wohnung, schließlich sehen wir uns gar unter einer Brücke schlafen.

Gott sei Dank trifft nicht alles ein, was wir uns so schwarzseherisch ausmalen. Dennoch setzt sich ein negativer Gedanke in uns fest, der größer werden, uns mutlos machen und die Hoffnung rauben kann. Wir verlieren dadurch unser Selbstvertrauen, unsere Kraft und unsere Kreativität. Wir sind anfällig und abhängig, klein und schwach geworden. Werden wir dann tatsächlich arbeitslos, können sich auch die restlichen Befürchtungen bewahrheiten. Wir durchlaufen die Spirale nach unten, als wären wir darauf programmiert worden.

Schädliche Muster lauern überall, so zum Beispiel auch im Bereich Gesundheit. Wer fest daran glaubt, dass er an Gewicht zulegt, nachdem er aufgehört hat zu rauchen, wird sicherlich deutlich zunehmen. Ein anderer, der eine Gewichtsveränderung aufgrund des veränderten Stoffwechsels nur als vorübergehende Erscheinung in Betracht zieht, wird weitaus weniger Pfunde zulegen.

Manche bekommen regelrechte Panikattacken, wenn sie von einer Grippewelle hören. Niest jemand in ihrer Umgebung, kitzelt es auch sie in der Nase. Sie sind insgesamt weitaus anfälliger für Erkrankungen als Menschen, die auf ihr stabiles Immunsystem vertrauen.

Auch in Bezug auf Partnerschaften sind manche Annahmen und die Erfahrungen Einzelner bereits in das kollektive Bewusstsein eingegangen. So »lernen« wir oft schon in jungen Jahren, dass eine langjährige Beziehung nicht funktionieren kann. Das mag früher noch anders gewesen sein, als die wirtschaftliche Abhängigkeit und die gesellschaftlichen Regeln die Partner aneinandergebunden haben. Jetzt, wo allein die Liebe zählt, gilt es bei vielen als erwiesen, dass die Verliebtheit nach wenigen Jahren nachlässt. Wer dieses Programm verinnerlicht hat und daran glaubt, den wird sein Unterbewusstsein nicht enttäuschen. Er wird genau diese Erfahrung machen.

Ihre Sensibilität lässt Sie erkennen, wann Sie es mit einem solchen Muster oder Programm zu tun haben. Werden Sie hellhörig, wenn Ihnen jemand seine eigene Erfahrung als Programm aufdrücken will. Sagen Sie sich innerlich sofort: »Das mag für ihn gelten. Aber jeder ist anders. Ich lasse es offen, wohin mein Weg mich führen wird.« Lassen Sie sich nicht von der Massenhysterie anstecken. Erkennen Sie die unguten Programme, und verändern Sie sie. Befreien Sie sich von allem, was Ihnen schadet. Erlauben Sie sich, neu und individuell zu denken und zu fühlen. Erlauben Sie sich eigene Erfahrungen.

Achten Sie aber bei Botschaften an Ihr Unterbewusstsein auf Ihre Wortwahl. Ein Nein versteht es, genauso wie Kinder oder Tiere ein klares Nein verstehen. Mit negativen Formulierungen aber ist es eine andere Sache. Die meisten Menschen erschöpfen sich erfahrungsgemäß darin zu formulieren, was sie nicht wollen. Hierzu schicken sie Botschaften und Bilder an ihr Unterbewusstsein. Ziele aber stellen sie keine auf. Statt zu formulieren, was sie wollen und anstreben, sagen sie nur: »Dies und jenes will ich nicht.« Das funktioniert nicht. Denn das Unterbewusstsein nimmt das als Vorgabe, was es als Botschaft bekommt. Wird kein Ziel genannt, ist das »Anti-Ziel« das Einzige, was das Unterbewusstsein erfährt, dann strebt es eben dieses an. Ein anderes Signal wurde nicht gegeben, also landet man doch da, wo man eigentlich nicht hinwollte. Aus Mangel an einem klaren Ziel.

Sie sind der Macher, und Ihr Unterbewusstsein reagiert. Es kann nichts dafür, wenn Sie sich mit negativen Zielen aufhalten. Wenn Sie sich dessen allerdings nicht bewusst sind, »machen« Sie gar nichts und können so auch nichts erreichen.

Verabschieden Sie sich also unmissverständlich von den Zielen, die sie nicht erreichen wollen. Streben Sie in die Richtung, in der ihre tatsächlichen Ziele liegen. Stellen Sie sich vor, wie es ist, wenn Sie Ihre Ziele erreicht haben. Diese inneren Bilder versteht das Unterbewusstsein. Jetzt sind Sie der Macher, Sie haben die Macht. Und Ihr Unterbewusstsein wird Sie bestmöglich darin unterstützen, dahin zu gelangen, wo Sie hinwollen.

Blockaden lösen

Im Unterbewusstsein ist allerdings auch noch etwas anderes abgespeichert – verdrängte Gefühle und Gedanken, Ängste und Hemmungen. Das ist auch der Grund, warum das Unterbewusstsein einen so großen Einfluss auf unser Leben hat. Manchen kommt es wie ein Ungeheuer vor, wenn sie wahrnehmen, was da in ihnen schlummert.

Doch dieses »Ungeheuer« ist eigentlich eine große Kraft, die wir durchaus für uns nutzen können. Mit ihr könnten wir fast alle unsere Probleme lösen und unser Leben leichter und fließender gestalten.

Nun macht es wenig Sinn, sich mit den negativen Kräften intensiv zu beschäftigen, die in unseren Tiefen abgespeichert sind, in der Hoffnung, die positiven Seiten würden sich dann schon zeigen. Viel hilfreicher und entspannender ist es, beide Kräfte gleichzeitig zu betrachten und zu leben. Gerade als sensibler Mensch sollten Sie immer auch das Positive in Ihr Bewusstsein holen. Zu schwer und bedrückend wirken rein negative Stimmungen auf Sie.

Im Unterbewusstsein schlummern also unsere gesamten Erfahrungen, Anlagen, Talente, Ängste und Blockaden. Mit unserer Aufmerksamkeit richten wir einem Lichtstrahl gleich unser Bewusstsein auf einen Part in diesem riesigen, unbewussten Bereich. Damit wird ein Teil herausgehoben, ans Licht gebracht. Es wird uns bewusst. Denn worauf wir unsere Aufmerksamkeit lenken, das ziehen wir an. Das ist eines der grundlegenden Gesetze, die auf der Erde wirken. Das gilt für die Außenwelt genauso wie für unsere Innenwelt. Nach und nach lässt sich so ein großer Teil dessen erhellen, was in uns liegt. Die Talente können dadurch aktiv gelebt, die Anlagen gefördert, die Erfahrungen genutzt werden. Die Ängste können bezwungen und die Blockaden überwunden werden.

Nun gibt es viele Menschen, die sich rein darauf konzentrieren, ihre Ängste und Blockaden zu überwinden. Sensiblen Menschen ist es stets ein besonderes Anliegen, ihre Probleme anzugehen und zu lösen. Ihre Fähigkeiten und Talente hingegen verlieren sie manchmal völlig aus dem Blick.

Was aber, wenn durch die Konzentration auf die Angst immer neue Ängste entstehen? Wenn das Leben an ihnen vorbeizieht, ohne dass sich ihnen die Gelegenheit bietet, sich um die schönen Anlagen in sich selbst zu kümmern? Auch diese brauchen Aufmerksamkeit und Zuwendung – und das nicht zu knapp!

Forderungen wie »Du musst dahin gehen, wo die Angst ist« sind in ihnen verankert. Damit ist gemeint, dass man sich vor allem an die schwierigen Themen heranwagen müsse. Es stimmt schon: Hartnäckige Blockaden zu ignorieren schafft keinen inneren Frieden. Trotzdem kann das alleine auch nicht die Lösung sein. Lassen Sie sich den Ausspruch nochmals durch den Kopf gehen: »Dahin gehen, wo die Angst ist.« Spüren Sie, wie sich etwas in Ihrer Herzgegend zusammenzieht? Das ist es doch, was eben nicht ausgelöst werden soll – eine weitere Verkrampfung. Sinnieren Sie dagegen über diesen Ausspruch: »Gehe dahin, wo die Freude ist, wo es dein Herz hinzieht.« Da geht einem doch das Herz auf, nicht wahr? Denken Sie daran: Für einen sensiblen Menschen ist die Wahl der Worte von enormer Bedeutung.

Zwar ist es richtig: Solange Blockaden da sind, können sich die Talente nicht frei entfalten. Die Blockaden müssen durchaus beachtet und geachtet werden. Aber: Richten wir das Augenmerk nur auf die Blockaden, erscheinen uns diese größer und wichtiger, als sie sind. Kämpfen wir mit allen Mitteln dagegen an, bekommt diese Energieform immer noch mehr Aufmerksamkeit und gewinnt an Kraft. Schließlich wirken die Blockaden übermächtig. Sie ziehen uns nach unten und machen die Seele traurig.

Die Talente können sich aber nicht frei entfalten, weil die Blockaden ja im Weg sind. Der Weg zur Entfaltung der eigenen Talente führt zwar über das Beachten und Lösen der Blockaden, dabei gilt es aber, die Talente als leuchtendes Ziel im Fokus der Aufmerksamkeit zu haben.

Übung »Blockaden und Talente«:

Übung:

Stellen Sie sich vor, Sie haben zwei Kästchen vor sich. Sie können aussehen wie Schmuckkästen. Eines ist das Blockadenkästchen, das andere das Talentekästchen. Beide können einfach sein oder verziert, sie sollten sich aber in Form oder Farbe voneinander unterscheiden. So können Sie in Ihrer Vorstellung etwa das Blockadenkästchen mit silbrig schimmernden Ornamenten versehen, das Talentekästchen mit goldenen Verzierungen.

Nun stellen Sie sich Ihre Blockaden als eine Sammlung von kleinen Zetteln vor. Auf jedem Zettel steht eine Blockade. Es können nur wenige oder sehr viele Zettel sein, ganz wie es Ihrer Wahrnehmung entspricht. Vielleicht erkennen Sie einzelne Blockaden.

Wenn Sie aber in Versuchung kommen, sich auf die Zettel zu stürzen und jeden einzelnen zu lesen, dann richten Sie Ihren Blick auf das goldene Talentekästchen. Das entspannt Sie wieder. Sie müssen nicht jede einzelne Blockade kennen, um sie zu lösen. Packen Sie stattdessen die ganze Sammlung in Ihrer

Vorstellung in das silbrige Kästchen, und klappen Sie den Deckel zu. Nehmen Sie wahr, dass Sie das Kästchen öffnen können, wenn Sie in eine Situation kommen, die eine Ihrer Blockaden auslöst. Das haben Sie bisher immer so gemacht. Nehmen Sie wahr, dass Sie es auch geschlossen lassen können. Das wäre eine neue und gute Alternative. Sie haben die Wahl.
Schauen Sie sich das geschlossene Blockadenkästchen an. Das Talentekästchen sollten Sie dabei ebenfalls immer im Blick haben. Dadurch fällt es Ihnen leichter zu akzeptieren, dass auch Sie, so, wie die meisten Menschen, Blockaden und Ängste haben. Diese sind nur ein Teil des Reifeprozesses.
Gehen Sie in Ihrer Vorstellung weiter, nehmen Sie das silbrige Kästchen, das gefüllt ist mit Blockaden, und drücken Sie es an Ihr Herz. Damit zeigen Sie sich: Sie lieben sich so, wie Sie sind, mit all Ihren Blockaden. Die Liebe ist die stärkste Heilkraft, die wir Menschen haben. Durch die Liebe zu sich selbst können Sie sogar Ihre Belastungen transformieren. Dann können Sie diese auch loslassen. Sehen Sie, wie das Kästchen immer leichter, kleiner und unwichtiger wird? Sehen Sie, wie es vielleicht sogar im Licht zerfällt, bis nichts davon übrig bleibt?
Umso deutlicher können Sie wieder Ihr anderes Kästchen wahrnehmen, das Talentekästchen, Ihre Schatztruhe. Ja, das ist eine wahre Schatztruhe. Hierin enthalten sind Ihre Talente. Drücken Sie Ihr Talentekästchen an Ihr Herz. Lieben Sie Ihre Talente. Freuen Sie sich darüber. Dann öffnen Sie dieses Kästchen, und nehmen Sie den Reichtum wahr, der darin verborgen ist. Jetzt haben Sie Ihre Talente ans Licht geholt. Lassen Sie diese größer werden, und entfalten Sie Ihre Fähigkeiten.
Kehren Sie mit diesem Bild wieder in Ihre Wirklichkeit zurück. Bleiben Sie sich Ihres Schatzes, Ihrer Talente bewusst.

Diese **Sowohl-als-auch-Übung** können Sie auch gut hinsichtlich Ihrer Ängste machen.

Übung:

Führen Sie sich Ihre Angst vor Augen. Es kann eine Angst vor etwas ganz Konkretem sein wie die Angst, einen Vortrag zu halten, oder die Angst, eine Prüfung abzulegen. Es kann auch eine unbestimmte Furcht sein, die ohne konkreten Grund, ohne Anlass in Ihnen aufsteigt und sich in Wellen in Ihnen ausbreitet. Stellen Sie sich daneben aber auch Ihre Freude vor. Es kann die Freude an der Natur sein, die Freude, mit lieben Menschen zusammen zu sein. Es kann die Freude über einen Erfolg sein, über den Sonnenschein, über Gesundheit, über ein Geschenk. Spüren Sie nur kurz in die Angst hinein. Behalten Sie dabei aber auch die Freude im Blick. Was ist es, was sich hier so drohend aufbaut? Sind es schlechte Erfahrungen aus der Kindheit, sind es Erinnerungen der Seele, die weit zurückliegen? Ist es die Angst, abgelehnt zu werden, die Angst, zu versagen, die Angst, nicht gut genug zu sein? Schauen Sie hin, aber nur kurz. Intensiv erlebt haben Sie es bereits, damals, als die Angst entstanden ist. Das reicht für ein ganzes Leben. Nehmen Sie die Angst ganz kurz wahr – und lassen Sie sie ziehen. Richten Sie Ihren Blick auf die Freude aus. Stellen Sie sich die Freude leuchtend und hell vor. Seien Sie sich bewusst, dass Sie immer und jederzeit dahin gehen dürfen, wo die Freude ist. Hier fühlt sich die Seele sicher, hier steigt das Selbstwertgefühl. Von hier aus können Sie sogar die Angst anschauen – oder das, was davon übrig ist. Zusammen mit der Freude können Sie sich allen Herausforderungen stellen.

So lernen Sie, sich mit allen Ihren Fehler zu lieben. Warten Sie nicht darauf, dass andere Sie lieben. Entdecken Sie Ihre Liebe zu sich selbst.

Klare Worte – klare Entscheidungen

»Wenn ich reich wäre …« – »Wenn ich einen Partner hätte …« – »Wenn ich Kinder hätte …« – »Wenn ich frei wäre …« – »Wenn ich Urlaub hätte« – … »Wenn ich Arbeit hätte …« – »Wenn ich eine andere Arbeit hätte …« Fällt Ihnen etwas auf? Ja, es handelt sich hier um Wunschgedanken. Man wünscht sich, das Leben würde anders verlaufen – anders und natürlich besser.

Zu viele Menschen sehen die Ursache für ihre Probleme in ungünstigen Lebensumständen. Wären die Voraussetzungen andere, ginge es ihnen gut, davon sind sie überzeugt. Sie würden sich wohler fühlen, ihnen würden sich bessere Chancen und Möglichkeiten bieten, und sie könnten genau das tun und lassen, was sie wirklich wollten. So aber sind sie Zwängen unterworfen. Unguten Zwängen, die ihnen Grund genug geben, zu klagen und zu leiden. Vom Leiden verstehen sensible Menschen eine ganze Menge – eben weil sie so empfindsam sind.

Nehmen wir einmal an, Sie seien mit Ihrem Leben unzufrieden. Sie machen sich die Gegenwart madig, indem Sie sich eine andere Vergangenheit wünschen. Wenn es damals anders gelaufen wäre, wenn Sie sich anders entschieden hätten, dann würden Sie heute dort stehen und jenes machen, Ihr Leben wäre besser. Nun können Sie sich Zeit nehmen, um die großen Dramen aus Ihrer Vergangenheit aufzuarbeiten. Damit sollten Sie es im Großen und Ganzen bewenden lassen. Akzeptieren Sie, dass Ihr Leben so verlaufen ist, wie es ist, mit allen Widrigkeiten, mit denen Sie zu kämpfen hatten, und allen Fehlern, die Sie gemacht haben. So ist das Leben nun einmal. Etwas können Sie aber doch noch tun, nämlich, die vergangenen Ereignisse positiv bewerten.

Wie Ihre Zukunft aussehen wird, liegt nun aber ganz in Ihrer Hand. Sie können Ihre Zukunft nach Ihren Wünschen gestalten, indem Sie jetzt die entsprechenden Entscheidungen treffen. Diese werden die gewünschten Folgen nach sich ziehen. Sie können es radikal machen, Ihr gesamtes Leben umkrempeln und komplett neu anfangen. Sie können aber auch vorsichtiger vorgehen und in kleinen Schritten eine neue Richtung einschlagen.

Für unsere Zukunft brauchen wir Wünsche, Hoffnungen und Ziele. Sie sind es, die uns antreiben und unserem Leben Glanz und Freude schenken, denn in ihnen sind alle Chancen für ein besseres Leben enthalten.

Wertvoller und gewinnbringender, als mit der Vergangenheit zu hadern, ist es, sich etwas für die Zukunft zu wünschen.

Auch dabei gilt es, auf die Wortwahl zu achten. Wie oft benutzen Sie den Konjunktiv, wenn Sie sich etwas wünschen? Der Konjunktiv, die Möglichkeitsform, lässt, wie der Begriff schon sagt, alle Möglichkeiten offen. Ein klares Ziel lässt sich so nicht umreißen.

Spüren Sie in Aussagen hinein, die im Konjunktiv formuliert sind. Nehmen Sie einen Satz, den Sie gut kennen, den Sie sich schon des Öfteren gesagt haben. Zum Beispiel diesen hier: »Wenn ich einen besser bezahlten Job hätte, könnte ich mir mehr leisten.« Steckt Kraft darin? Nein, ganz sicher nicht. Solche Aussagen wirken sehnsüchtig, träumerisch und oft auch ein bisschen hoffnungslos. Denn die Realität wirkt im Vergleich zu solchen Wünschen schwer und hart.

Schwammige Aussagen lassen alles offen. Eindeutige Aussagen dagegen ziehen den Erfolg wie magisch an. Entscheiden Sie sich. Sprechen Sie klar aus, was Sie wollen. Formulieren Sie Ihre Wünsche und Botschaften eindeutig. Nehmen Sie nochmals den Satz von vorhin: »Wenn ich einen besser bezahlten Job hätte, könnte ich mir mehr leisten.« Klingt irgendwie traurig, nicht wahr? Wie hört sich dagegen dies an: »Ich leiste mir alles, was ich kann.« Klingt zwar auch noch nicht wirklich fröhlich, aber immerhin realistisch. Probieren Sie dann noch folgenden Satz aus: »Ab heute suche ich nach einem besser bezahlten Job.« Das klingt selbstbewusst. Dieser Wunsch ist mit einer Aktion verbunden. Es steckt Nachdruck dahinter. Und Glaubwürdigkeit.

Schwammige Aussagen in der Möglichkeitsform lassen alles offen, auch den Erfolg. Klare Aussagen ziehen den Erfolg wie magisch an.

Gestalten Sie Ihr Leben mit bewusst formulierten Aussagen und Wünschen. Damit schaffen Sie sich automatisch eine bessere Zukunft und können in einigen Jahren auf eine schöne Vergangenheit zurückblicken.

Was für die Aussagen gilt, gilt genauso für die Entscheidungen. Auch diese müssen klar sein, damit der eingeschlagene Weg zum angestrebten Ziel führt. Als sensibler Mensch haben Sie das Talent, die Folgen einer jeden Entscheidung zu erahnen. Ihr Ahnungsvermögen ist stark ausgeprägt. Sie wissen intuitiv, wie sich die Dinge entwickeln werden, wenn Sie diesen oder jenen Weg einschlagen. Sie sehen die Vorteile und die Nachteile. Das macht es allerdings auch so schwer, klare Entscheidungen zu treffen. Und dennoch – das wissen Sie im Grunde sehr genau – ist es unendlich wichtig, im Leben für Klarheit zu sorgen.

Kennen Sie die Geschichte vom Esel? Auf seinem Weg lagen zwei Heuhaufen, einer rechts und einer links des Weges. Der

Esel schaute von einem zum anderen und vom anderen zum einen und fragte sich, welcher wohl der schmackhaftere, der frischere, der bessere sei. Er konnte sich einfach nicht entscheiden, mit welchem Heuhaufen er beginnen sollte – und verhungerte. (frei nach dem Gleichnis »Buridans Esel« von Al Ghazali)

Erinnert Sie so mancher Ihrer Mitmenschen an diesen Esel? Oder müssen Sie sich gerade an die eigene Nase fassen? Kein Problem, in bestimmten Situationen haben wir uns vermutlich alle schon einmal so verhalten. Außerdem: Sich erst einmal Gedanken zu machen, welche Entscheidung die richtige ist, und nicht blindlings draufloszustürmen, ist eine Qualität, die zeigt, dass der Verstand entwickelt ist. Nur darf dieser Verstand nicht so mächtig werden, dass man nicht mehr spürt, was einem guttut.

Wenn Sie bei Fragen wie »Welcher Apfel ist der bessere?« schon überfordert sind, sollten Sie etwas ändern. Denn so machen Sie aus jeder Kleinigkeit ein Problem, statt das Leben auszukosten. Dann ist es, als säßen Sie in einer großen Eingangshalle. Sie sehen die vielen offenen Türen, hinter denen sich verlockende Räume zeigen, aber Sie gehen in keinen hinein. Stattdessen träumen Sie davon, was Sie später einmal alles machen wollen. Dieses »später« trifft aber nie ein. So schauen Sie zu, wie andere ihr Leben leben, und leben selbst kein Leben richtig. Die Angst vor einer falschen Entscheidung hat Sie in eine Erstarrung geführt.

Trauen Sie sich, zu entscheiden – in dem Wissen, dass Sie zwar vieles vorausahnen, aber nie alles. Vertrauen Sie einfach auf Ihre Fähigkeit, mit Unvorhersehbarem zurechtzukommen.

Gerade sensible Menschen, die sich ihrer Qualitäten noch nicht voll bewusst sind, neigen dazu, sich stark von außen beeinflussen zu lassen. Beim kleinsten Gegenwind geraten sie in ihren Entschlüssen ins Wanken. Ganz nach dem Motto: »Ja, wenn der andere meint, dass das besser sei ...«. Schon allein die Vorstellung, eine Entscheidung treffen zu müssen, kann bei ihnen regelrechten Stress auslösen. So gehen sie ein paar Schritte in die eine Richtung, dann wieder in eine andere, was sie aber weder zum Erfolg führt noch sie wirklich glücklich macht.

Ihnen ist durchaus bewusst, dass sie etwas tun müssten. Sie spüren auch immer wieder einmal einen gewissen inneren Antrieb. Wenn ihnen aber das Ziel fehlt, fragen sie sich schon nach wenigen Schritten, ob es auch die richtige Tür war, durch die sie gegangen sind. Sie gehen zögerlich weiter, schauen sich um und verwenden viel Energie darauf, sich vorzustellen, wie es wohl auf einem anderen Weg gewesen wäre. Dadurch kommen sie nicht richtig voran und verlieren viel Kraft. Eines Tages sagen sie sich: »Wäre ich doch einen anderen Weg gegangen, dieser hier führt mich zu keinem befriedigenden Ziel.« Das stimmt aber nicht, denn sie haben das Ziel ja noch nicht einmal definiert.

Freund Zufall kann einen hierhin oder dorthin führen. Ein selbst bestimmtes Ziel lässt sich jedoch nur erreichen, wenn man schon beim Loslaufen eine Vorstellung davon hat, wie dieses aussieht, und dann seinen Weg mit Überzeugung geht. Es gibt Menschen, für die es keinerlei Problem scheint, Entscheidungen zu treffen. Sie verschaffen sich einen Überblick über die Lage, wägen die verschiedenen Möglichkeiten ab und treffen dann eine klare Entscheidung. Den einmal gewählten Weg gehen sie mutig und selbstbewusst. Sie können zögerlichen und sensiblen Menschen als Vorbild dienen – und zwar ohne dass diese die eigene Weichheit aufgeben müssen. Doch auch von den sensiblen Menschen können diejenigen etwas lernen, die ihr Ziel allzu starr im Blick haben und nicht wagen, davon abzuweichen: Auch ein Ziel darf sich verändern – aufgrund der Erfahrungen, die unterwegs gewonnen werden.

Verknüpfen Sie beide Strategien miteinander. Das heißt: Setzen Sie sich ein Ziel – mit dem Wissen, dass sich Ihr Ziel ändern kann, dass Sie eine andere Richtung einschlagen können, während Sie unterwegs sind. Seien Sie sich sicher, dass Sie es erkennen werden, wenn eine Kurskorrektur nötig ist. Beschreiten Sie daher Ihren Weg mit Überzeugung, mit Mut, mit Kraft, mit Liebe. In dem Wissen, dass der aktuell eingeschlagene Weg der richtige ist, wenn Sie sich nur guten Gewissens dafür entschieden haben.

Geld und Fülle

Was glauben Sie von sich selbst: Haben Sie ein Händchen für Geld? Als sensibler Mensch haben Sie sich diese Frage womöglich noch nie gestellt, weil Ihnen andere Themen wichtiger sind. Um das Leben auf der Erde zu würdigen, sollten Sie sich dennoch damit auseinandersetzen.

Führen Sie sich die folgenden Gruppen von Menschen vor Augen: Es gibt Menschen, die eine Fülle an Geld und Besitz zur Verfügung haben. Sie können aus dem Vollen schöpfen. Zumindest haben sie immer das Gefühl, dass genug von allem da ist. Zwar kann es auch diesen Menschen passieren, dass sie nahezu all ihren Besitz verlieren, doch aus dem Wenigen, das sie dann noch zur Verfügung haben, gelingt es ihnen binnen Kurzem, ein neues Vermögen (oder was sie dafür halten) zu machen. Es macht ihnen Spaß, Geld zu verdienen. Sie mögen Geld. Es macht ihnen auch Spaß, Geld auszugeben. Bei ihnen ist das Geld in Fluss. Sie fühlen sich reich – egal, wie viel Geld sie tatsächlich auf dem Konto haben.

Andere fühlen sich arm. Wie viel sie auch haben, sie haben das Gefühl, sie seien zu kurz gekommen. Was sie haben, ist nie genug. Es reicht nicht. An dem, was sie haben, halten sie krampfhaft fest. Nie würden sie mit Geld achtlos umgehen und es durch riskante Unternehmungen aufs Spiel setzen. Sie arbeiten hart für ihr Geld. Zuweilen entwickeln sie eine regelrechte Gier danach. Geld und Besitz sind ihnen extrem wichtig, und sie haben auch große Angst davor, sie zu verlieren. Es ist, als würden sie eine schmerzhafte Erinnerung an Armut in sich tragen, manchmal von Geburt an. Einen lockeren, fließenden Umgang mit Geld müssen sie tatsächlich erst lernen.

Für wiederum andere Menschen hat Geld keinen Wert. Es liegt ihnen fern, viel Geld anzuhäufen und daran festzuhalten. Wozu auch? Die Scheine sind doch nicht einmal schön, sie klingen nicht und schmecken nicht. So denken Menschen, die gar keinen Bezug zu Geld haben. Manchmal scheint es fast, als würden sie Geld verachten und alles Materielle gering schätzen. Schade, denn wir bestehen schließlich aus Materie. Daher ist alles Körperliche wertvoll. Nicht wertvoller als das Seelisch-Geistige, aber wertvoll.

Was glauben Sie: Wirken Sie anziehend auf Geld? Mögen Sie Geld? Ziehen Sie es an? Fühlt es sich bei Ihnen wohl? Oder verachten Sie es? Haben Sie eine heimliche Wut auf Geld? Was empfinden Sie, wenn Sie an Geld denken? Vielleicht Missgunst? Das Gefühl, zu kurz gekommen zu sein? Zweifel am eigenen Wert? Fragen Sie sich, ob Geld eigentlich gut oder schlecht ist?

Geld ist weder gut noch schlecht. Es ist nichts anderes als eine Form von Energie. Geld ist neutral. Wenn es Ihnen schwerfällt, sich von den übernommenen Vorstellungen von »gutem Geld« und »schlechtem Geld« zu lösen, schauen Sie sich einen anderen Bereich an, in dem es auch »gut« und »schlecht« gibt – die Welt der Gefühle. Es gibt sowohl schlechte Gefühle wie Hass, Wut und Eifersucht als auch gute Gefühle wie Freude und Liebe. Als sensibles Wesen kennen Sie sich hier aus. Sie wissen: Gefühle können zerstörerisch wirken oder aufbauen. Mit dem Geld ist es nicht anders. Auch Geld kann Gutes oder Schlechtes bewirken. Nur gibt es für »gutes Geld« und für »schlechtes Geld« keine unterschiedlichen Ausdrücke.

Spielen Sie noch ein bisschen mit den Gedanken an »gutes Geld«. Wer reich ist, wer sich reich fühlt, kann andere an seinem Reichtum teilhaben lassen. Ob Grundbesitz, Autos, Schmuck, Reisen – mit Geld kann man sich Wünsche erfüllen. Man kann aber auch die Wünsche anderer Menschen erfüllen. Wer reich ist, kann geben. Gibt jemand nicht, liegt das nicht am Geld, sondern am Charakter seines Besitzers.

Richten Sie Ihren Blick auf Ihr Leben. Sehen Sie ganz bewusst auf das, was Sie bereits haben. Freuen Sie sich darüber, seien Sie dankbar dafür. »Danke« öffnet Ihnen die Tür zum Wohlstand.

Dankbar zu sein kann man üben. Zählen Sie spontan drei Dinge auf, für die Sie dankbar sind. Machen Sie es sich zur Gewohnheit, täglich Danke zu sagen, auch für Kleinigkeiten. Bedanken Sie sich nicht nur für Ihre Talente oder Ihre Gesundheit, sondern ganz bewusst auch für die Dinge in Ihrem Leben, die Ihnen selbstverständlich erscheinen – für das Dach über dem Kopf, für das Fahrrad, für den Kaffee.

Insbesondere religiösen und spirituellen Menschen erscheint es angesichts der Armut in der Welt geradezu vermessen, sich noch mehr Geld und Besitz zu wünschen. Doch was wollen sie teilen, was wollen sie geben, wenn sie selbst nichts haben? Reichtum und seelisch-geistige Entwicklung schließen einander keineswegs aus. Das tut nur die ausschließliche Konzentration auf das Materielle, die einseitige und zu starke Bindung an den Besitz, nicht der Besitz selbst.

Halten Sie sich nicht mit Ihren Zweifeln auf. Wenn Ihr innerer Kommentator anfängt, kritische Bemerkungen einzuwerfen, um Ihr Bedürfnis nach Wohlstand und Wert schlechtzumachen, richten Sie Ihre Gedanken neu aus, und konzentrieren

Sie sich auf Ihre Wünsche. Das dürfen ganz materielle Wünsche sein. Denn um die anderen Wünsche, die im Bezug auf Gesundheit, Liebe und Frieden, kümmern Sie sich als sensibler Mensch sowieso ständig. Es geht jetzt einmal darum, all die Gaben, die das Leben auf Erden bereithält, zu würdigen. Sie dürfen sie annehmen, sie dürfen sie geben, sie dürfen sie durch Ihre Hände wandern lassen. Sie können sie für eine kurze Zeit behalten und dann weitergeben, Sie können sie auch sammeln und erst später weitergeben. Ganz wie Sie möchten.

Gehen Sie also in sich, und lassen Sie Ihre materiellen Wünsche auftauchen. Schreiben Sie Ihre Wünsche auf ein Blatt Papier: eine Reise nach Mauritius, eine grüne Handtasche, ein eigenes Haus, Ziegenkäse direkt vom Bergbauernhof ... Trauen Sie sich, materielle Wünsche zu äußern. Schreiben Sie große und kleine Wünsche auf. Sie dürfen dabei ruhig ganz konkret werden. Malen Sie sich die Erfüllung dieser Wünsche in leuchtenden Farben aus. Stellen Sie sich vor, wie sehr Sie sich freuen, wenn sich Ihr Wunsch erfüllt. Spüren Sie die Erleichterung, die Freude, das Glücksgefühl. Lassen Sie sich von diesen positiven Empfindungen durchströmen. Erlauben Sie sich, sich etwas zu wünschen, und erlauben Sie sich, es zu bekommen.

Fragen Sie sich, woher das nötige Geld kommen soll? Lassen Sie alle Möglichkeiten zu. Verändern Sie Ihre Denkweise.

- Sie können mit Ihrer Arbeit Geld verdienen. Außer Sie denken: »Mit meiner Ausbildung sicher nicht.« Dann ist es schwer, wenn nicht gar unmöglich.
- Geld kann durch einen Gewinn zu Ihnen kommen. Außer Sie denken: »Ich gewinne nie etwas.« Dann wird es auch so sein, und Sie werden nichts gewinnen.
- Geld kann durch ein Geschenk kommen. Außer Sie denken: »Wer verschenkt schon Geld?! Und falls doch: Wieso sollte

ausgerechnet mir jemand etwas schenken?« Dann werden Sie das so erleben.

- Geld kann durch eine Erbschaft kommen. Außer Sie denken: »Meine Verwandten sind alle arm, und Freunde schenken mir nichts.« Ja, wenn Sie das so genau wissen, dann machen Sie auch diesen Kanal zu.
- Wenn Sie jetzt noch denken »Mit ehrlicher Arbeit kommt man zu nichts«, dann bleiben Ihnen nur noch übrig, ein Gauner zu werden oder arm zu bleiben.

Achten Sie genau darauf, was Sie denken. Denn aus Ihren Gedanken entwickelt sich Ihre Wirklichkeit. Gedanken haben große Macht. Sie bilden die Grundlage Ihres Lebens.

Gestehen Sie sich ein Leben in Fülle zu. Freuen Sie sich darauf. Setzen Sie sich eine konkrete Geldsumme zum Ziel. Trauen Sie sich, diese ganz bestimmte Summe anzupeilen. Entwickeln Sie eine Vision. Malen Sie sich Ihr Ziel aus. Welche Summe könnte Ihr nächster Schritt sein? Welchen Betrag möchten Sie innerhalb eines Jahres erhalten? Wenn Ihnen dabei gleich tolle Millionenbeträge in den Sinn kommen – nur zu! Im Grunde können Sie sich so viel Geld wünschen, wie Sie wollen. Es ist viel mehr machbar, als es sich die meisten von uns vorstellen können. Allein sich vorzustellen, ab sofort viel Geld zur Verfügung zu haben, kann tatsächlich mehr Geld in Ihr Leben bringen – auf welchem Weg auch immer.

Den meisten Menschen gelingt die Umsetzung solcher Ideen aber trotzdem nicht. Der Grund dafür ist, dass sie einfach nicht daran glauben, dass sie ihr Ziel tatsächlich erreichen können. Sie fragen sich: »Wie soll ich denn plötzlich 5000 Euro mehr im Monat zur Verfügung haben, ohne eine Bank zu überfallen?«, und schon machen sie mit ihren Zweifeln den Erfolg unmöglich. Ihr Verstand rebelliert, und ihr innerer Kommentator sagt: »Das glaubst du ja wohl selbst nicht. Wie soll das denn gehen? Nein, das ist nicht machbar, und für dich schon gar nicht, niemals.« So hat diese hohe Summe wenig Sinn. Denn sie boykottieren den Wunsch ja schon in dem Moment, wo sie ihn aussprechen und damit ans Universum senden.

Schlagen Sie Ihrem Misstrauen ein Schnippchen. Überlegen Sie, welcher Betrag für Ihre innere Stimme bzw. Ihren inneren Zweifler glaubhaft ist. Korrigieren Sie also Ihre »Zielsumme« so lange nach unten, bis diese für Sie realistisch geworden ist, bis Sie sich damit wohlfühlen. Und wenn nur ein Mehr von zehn Euro im Monat übrig bleibt, so fangen Sie eben damit an. Legen Sie für sich fest: »Ab März dieses Jahres steigt mein monatliches Einkommen um 10 Euro.« Haben Sie dieses Ziel erreicht, können Sie den Betrag erhöhen. Als Kind haben Sie noch an Wunder geglaubt. Als sensibles Wesen tun Sie das bestimmt auch heute noch. Fangen Sie jetzt auch damit an, Wunder im materiellen Bereich zu erwarten, denn sie machen das Leben wunderbar.

Entwerfen Sie ein neues Konzept für Ihre Finanzen:
1. Würdigen Sie das, was Sie bereits haben, indem Sie dafür danken.
2. Überprüfen Sie Ihre Grundsätze in Bezug auf Geld. Ändern Sie diese gegebenenfalls.
3. Lassen Sie es zu, dass Geld zu Ihnen kommen kann. Öffnen Sie sich für die vielen verschiedenen Möglichkeiten.
4. Setzen Sie sich ein konkretes Ziel, wie viel Geld Sie innerhalb eines Monats oder eines Jahres bekommen wollen. Achten Sie darauf, dass dieses Ziel für Sie realistisch ist.
5. Halten Sie aber immer für möglich, dass Wunder geschehen können.

Geben Sie niemals auf!

Jeder Tag kann eine Veränderung bringen. Jeder neue Tag bringt neue Möglichkeiten und neue Gelegenheiten. Mit unseren Gedanken, Gefühlen und Handlungen bereiten wir unsere Zukunft vor, wir schmieden uns quasi unser Schicksal selbst – jeden Tag aufs Neue. So kann sich über Nacht etwas Grundlegendes verändern. Diese Chance besteht immer. Das sollten wir nie vergessen.

Erwählen Sie Ihre Sensibilität zu Ihrer Lieblingseigenschaft.

Schätzen Sie diese Anlage hoch – immer. Eben durch diese Sensibilität ist Ihnen bewusst, dass das Leben nichts Statisches ist. Und es ist Ihnen bewusst, dass Sie vor Veränderungen keine Angst zu haben brauchen. Dass das Leben Überraschungen auf Lager hat. Dass Sie getragen werden von der Kraft der Erde und dass Sie von der Geistigen Welt beschützt werden. Auch in Situationen, die ausweglos scheinen.

In dem Spielfilm »Cast Away – Verschollen« spielt der Schauspieler Tom Hanks den einzigen Überlebenden eines Flugzeugabsturzes, der auf einer einsamen Insel im Südpazifik gestrandet ist. Er muss sehen, wie er dort alleine klarkommt. Er durchlebt alle Gemütszustände und alle Stadien der Verzweiflung. Mal ist er voller Willenskraft und Unternehmungsgeist, dann taucht er ab in tiefste Hoffnungslosigkeit und ist nah daran aufzugeben. Bis schließlich ein paar Kisten mit brauchbaren und unbrauchbaren Dingen angeschwemmt werden, die seinen Lebenswillen wiedererwecken. Wie solch eine Extremsituation durchzustehen ist, beantwortet er im Film so: »Ich werde weiteratmen, weil morgen die Sonne wieder aufgeht. Und wer weiß, was die Flut bringt.« Natürlich ist das nur ein Film, die Handlung ist überzeichnet. Die Aussage stimmt dennoch.

Im ganz normalen Alltag gibt es genauso Phasen, in denen man willensstark, hoffnungslos, verzweifelt, ergeben oder glücklich ist. Unser Leben ist nicht immer einfach und überschaubar. Bisweilen sind Veränderungen nötig. Manchmal tun sich mehrere Probleme gleichzeitig auf. Nicht immer ist die perfekte Lösung in Sicht, manchmal ist überhaupt keine Lösung in Sicht. Das heißt aber nicht, dass es sie nicht gibt.

Manchmal sind es die ganz alltäglichen Probleme, die einen sensiblen Menschen zu erdrücken scheinen. Wenn Sie als Mutter mit zwei kleinen Kindern einfach keine Zeit finden, Ihre Wohnung ständig zu putzen, ja und? Es ist doch schön, Kinder zu haben. Eines Tages werden Sie wieder genug Zeit haben. Haben Sie den Mut, etwas ungetan zu lassen. Reduzieren Sie Ihre Ansprüche. Oder wenn sich Ihnen gerade die Chance bietet, die Karriereleiter hinaufzuklettern, und Sie deshalb mit Ihren Hobbys zurückstecken müssen, ja und?! Erfolg macht doch auch Spaß! Wichtig ist, dass Sie zu Ihrer Entscheidung stehen. Man muss nicht immer alles zu einhundert Prozent machen. Wenn Ihnen wieder mehr Freizeit zur Verfügung steht, können Sie mehreren Hobbys gleichzeitig nachgehen. Wird Ihre Freizeit knapper, ist eben anderes wichtiger. Das darf sein und ist in Ordnung so.

Probleme hat nur der, der anfängt, sich ein schlechtes Gewissen zu machen: »Oh je, jetzt habe ich zu wenig Zeit für meine Hobbys, bestimmt bekomme ich bald ein Burn-out.« Probleme bekommt auch die überlastete Mutter – aber nicht, weil sie zu wenig Zeit zum Putzen hat, sondern weil sie meint, sie müsse sich ständig für die Unordnung entschuldigen. Das nagt an ihr und kann sie sogar krank machen, nicht das herumliegende Spielzeug. Nein, sie muss sich nicht entschuldigen.

Machen Sie Ihren Selbstwert nicht von äußeren Umständen abhängig. Lassen Sie sich nicht niederdrücken. Wichtig ist, dass Sie eine Situation nicht als gegeben hinnehmen: »Das ist jetzt so, das empfinde ich als schrecklich, und das wird so bleiben.« Wird es nicht, muss es nicht. Außer Sie halten diesen Zustand mit der Kraft Ihrer Gedanken so krampfhaft und so lange wie möglich aufrecht. Besser, Sie lassen die Möglichkeit von Veränderungen zu. Diese kommen manchmal über Nacht. Auch bei einer sehr eingefahrenen Lebensweise sind Veränderungen möglich. Beispiele dafür gibt es genug.

Nutzen Sie Ihre Kreativität, und stellen Sie sich gute Lösungen vor, statt sich von einem Strudel von Negativgedanken weiter in die Tiefe ziehen zu lassen. Wer weiß, vielleicht zieht eine neue Nachbarin ein, die eine gemeinsame Kinderbetreuung initiiert. Oder eine Erbschaft verschafft Ihnen so viel finanziellen Freiraum, dass Sie sich eine Reinigungshilfe leisten können. Oder eine Umstrukturierung in der Firma erlaubt es Ihnen, einen Tag in der Woche freizunehmen und die Karriere trotzdem voranzubringen. Und so weiter und so fort. Sagen Sie nicht, dass das unwahrscheinliche Ausnahmen seien. Das sind sie nicht, selbst wenn sie nicht an der Tagesordnung sind. Das Leben ist voller interessanter Möglichkeiten und Wendungen. Die muss man aber erst einmal zulassen. Sie werden sehen, und das ist das eigentliche Wunder: Je mehr Sie sie zulassen, desto häufiger kommen sie.

Und wenn einfach alles zu viel wird und Sie keine Richtung, keinen Anfang mehr finden? Dann gilt es, da anzusetzen, wo Sie gerade sind. Wenn es darum geht, eine Malzeit zuzubereiten, gut, dann ist das wichtig. Wenn die Dachrinne tropft, das Kind schreit, das Telefon klingelt – entscheiden Sie sich, und denken Sie gar nicht über die anderen Möglichkeiten nach, die Sie gehabt hätten. Das kostet nur unnötig Zeit. Tun Sie immer nur das Nächste und dann das Nächste und dann das Nächste. Vielleicht sind Sie irgendwann durch, vielleicht kommen auch neue Aufgaben hinzu. Das ist typisch Leben.

Leben ist Wachstum. Leben ist Veränderung. Das Leben selbst produziert immer Neues. Es gibt keinen Stillstand. So ist es normal, dass sich fast täglich neue Aufgaben auftun, neue Anforderungen an einen gestellt werden. Da ist diese Entscheidung zu treffen, dort jene. Ein Arztbesuch ist fällig, der Rasen muss gemäht, eine Präsentation vorbereitet werden – und wieder bleibt etwas anderes liegen.

Machen Sie trotzdem weiter. Geben Sie nicht auf. Niemals. Das Leben geht doch auch immer weiter. Wer seine Zeit damit verbringt, nach einer perfekten Lösung zu suchen, und erst anpacken möchte, wenn er diese gefunden hat, wird wohl noch in hundert Jahren untätig dasitzen und nach ihr Ausschau halten. Sinnvoller wäre es, einfach das Nächstliegende zu tun.

Wenn Sie nicht alles erledigen können, was anliegt, sortieren Sie Ihre Aufgaben. Dann tun Sie so viel, wie Sie können, und kümmern sich nicht um den Rest. Seien Sie versichert, dass dies ausreicht. Das ist die wahre Lebenskunst. Der Drang nach Perfektion bringt uns nicht weiter. Fehler machen wir sowieso – und sei es durch Nichtstun. Also können wir genauso gut anpacken und die wichtigsten Aufgaben erfüllen. Anderes bleibt dann eben liegen.

Geben Sie niemals auf. Ihre Veranlagung zur Sensibilität macht Sie nicht nur gespürstark, sondern auch zäh. Nicht hart, sondern zäh. Kultivieren Sie diese Eigenschaft, erinnern Sie sich daran, wenn Sie einmal meinen, zu schwach für die Ihnen gestellten Aufgaben zu sein.

Es gibt immer ein Morgen. Auch in den verfahrensten und aussichtslosesten Situationen gibt es ein Morgen. Immer wieder geht die Sonne auf. Wenn Sie verlassen werden und voller Wut und Schmerz sind, geht es weiter. Wenn Sie krank werden und Ihren Lieblingssport aufgeben müssen, geht es weiter. Wenn Sie Ihren Arbeitsplatz verlieren und bei Hartz IV landen, geht es weiter. Wenn Ihre Schulden so groß werden, dass Ihr Haus versteigert wird und Sie Privatinsolvenz anmelden müssen, geht es auch weiter. Und wenn ein geliebter Mensch stirbt – auch dann geht es weiter.

Das Leben geht immer weiter, weil es das Leben ist. Es ist diese Kraft selbst, dieser immerwährende Funke, der uns Menschen schon immer angetrieben hat, überleben zu wollen. Dieser Funke hat uns dazu gebracht, zerbombte Städte wieder aufzubauen und trotz Misshandlung, Vertreibung und Zerstörung weiterzumachen und weiterzuleben. Diese Kraft, die dem Leben innewohnt, ist ungeheuer groß.

An diese Kraft gilt es sich zu erinnern, wenn Sie gerade ein schattiges Tal durchlaufen und meinen, es gäbe keinen Ausweg. Doch, das tut es, immer. Es ist die Lebenskraft selbst, die Sie durch alles hindurch und ans Licht trägt. Lassen Sie sich tragen. Und es ist der Lebensfunke, der Licht ins Dunkle bringt und plötzliche Veränderungen möglich macht. Lassen Sie es zu. Denken Sie immer daran: Wer weiß, was die Flut bringt. Schon morgen kann alles anders sein.

Die Autorin

Barbara Arzmüller ist Dipl.-Ing. Innenarchitektin, Autorin und System-Therapeutin. Sie gibt Beratungen und Seminare in Feng Shui, Astrologie und Familienstellen, die überwiegend von sehr sensiblen Menschen besucht werden. Da sie selbst extrem feinfühlig und empfindsam ist, hat sie sich auf die Suche nach wirksamen Methoden begeben, um ihren Selbstschutz zu stärken. Von diesem Wissen möchte sie in ihrem neuen Buch nun etwas weitergeben.

www.stern-im-raum.de